Claudio Naranjo

Das göttliche Kind und der Held

Die tiefere Bedeutung von Kinderliteratur u. a. der kleine Prinz, der Hobbit

vianova
Verlag Via Nova

Claudio Naranjo

Das göttliche Kind und der Held

Die tiefere Bedeutung von Kinderliteratur u. a. der kleine Prinz, der Hobbit

vianova
Verlag Via Nova

Übersetzung aus dem Englischen:
Dr. Andrea Emerich

Originaltitel:
The Divine Child and the Hero
Inner Meaning in Children's Literature
erschienen bei Gateways/IDHHB,Inc.

Dieses Buch wurde ursprünglich unter dem Titel
El Nino Divino y El Heroe
im *Sirio*-Verlag herausgebracht.

Illustrationen:
Della Heywood

1. Auflage 2002
Verlag Via Nova, Neißer Straße 9, 36100 Petersberg
Telefon und Fax: (06 61) 6 29 73
E-Mail: info@verlag-vianova.com
Internet:
www.verlag-vianova.de
www.transpersonal.com

Satz: typo-service kliem, 97647 Neustädtles
Druck und Verarbeitung: Rindt-Druck, 36037 Fulda

ISBN 3-928632-96-5

Inhaltsverzeichnis

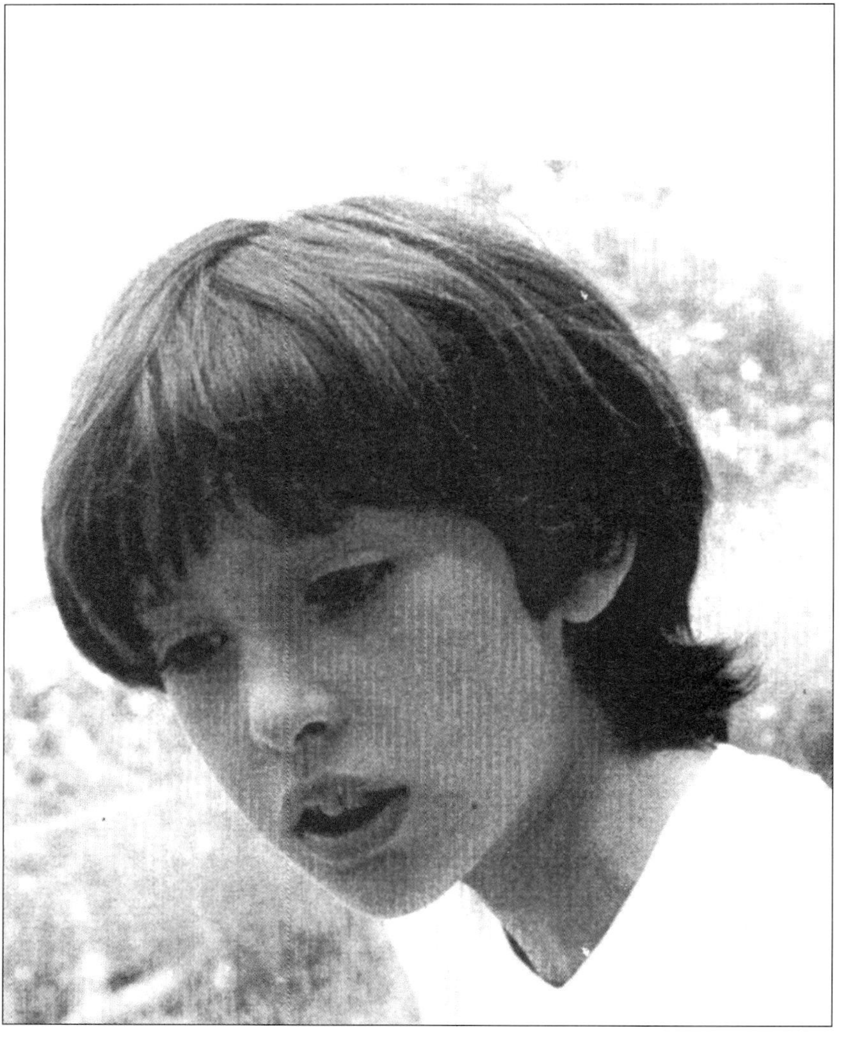

Matías Naranjo, 1959–1970

Widmung

geschrieben anläßlich des Erscheinens der spanischen Version im Sirio-Verlag 1993

Ich stellte dieses Buch im Mai oder Juni des Jahres 1970 fertig – bald nachdem mein Sohn Matias im Alter von elf Jahren gestorben war und als ich gerade dabei war, den Sprung ins Unbekannte zu wagen. Ich ließ mein geregeltes Leben hinter mir und begab mich auf eine Pilgerreise. Ich kam mir dabei beinahe so vor, als ob ich mein Erbe regelte. Im Monat davor hatte ich ein Buch über Gestalt-Therapie (es wurde vor kurzem veröffentlicht), meine Beiträge zu *Über die Psychologie der Meditation, Die heilende Reise* und ein weiteres (noch unveröffentlichtes) Buch über Ayahuasca beendet. Jetzt mußte ich nur noch *Das Göttliche Kind und der Held* mit einem Vorwort versehen … vielleicht können Sie sich vorstellen, wie viel leichter es mir fiel, in die chilenische Wüste aufzubrechen, als ich damit fertig war.

Matias war mir während des vergangenen Jahres beim Schreiben des Buches die ganze Zeit über nicht aus dem Kopf gegangen. Jetzt, da er nicht mehr in dieser Welt war, schien er mir mehr da zu sein als zu seinen Lebzeiten. Da ich ihm eine ganze Reihe meiner Bücher laut vorgelesen hatte, hing seine Gegenwart besonders mit meinem jetzigen Unterfangen zusammen. Daß ich beim Schreiben des Vorworts an ihn dachte, paßte auch deshalb, weil ich ihm bei unserem letzten Zusammensein jene Passage (aus Lloyd Alexanders *Der Schwarze Kessel* – aus der Reihe *Der König von Narnia*) vorgelesen hatte, in der die bösen Heerscharen in das Land des guten Königs Mathonwy einfielen. Er war traurig und verblüfft, daß der König erschlagen wurde, und als ich den Absatz beendet hatte, sah er mich ungläubig an. Ich wußte nicht, was ich ihm sagen sollte, außer daß dies tatsächlich in dem Buch geschrieben stand – und das machte wiederum mich traurig.

Es war gegen Mittag an jenem Karfreitag, der der letzte Tag seines Lebens sein sollte. Dann trennten wir uns, denn ich begleitete ihn nicht zu dem Treffen, das an jenem Abend bei einer Feuerstelle in den Wäldern um Big Sur stattfinden sollte. Es waren jene Leute, die sich in Kürze in Arica zu Oscar Ichazo gesellen würden. Ursprünglich hatte ich vorgehabt, in Berkeley zu bleiben, da ich eine Reihe von Vorträgen über „Dantes Reise zu den Sternen“ in der Grace-Kathedrale vorbereiten wollte; dann war jedoch unversehens ein weiterer Grund für mein Bleiben aufgetaucht – der Gedenkgottesdienst für Fritz Perls am selben Abend.

War das Gestalt-Buch, das ich vor wenigen Tagen beendet hatte, eine indirekte Hommage an Fritz gewesen, so war dasjenige, das ich gerade eben beendete, eine indirekte Hommage an Matias. Ich sage „indirekt“, weil mein damaliges Vorwort mit der bloßen Bemerkung endete: „Ich hoffe, daß den Kindern der Welt mein Buch gefallen wird.“ Da ich nicht sicher war, ob Matias meinen Kommentar genauso mögen würde wie die Geschichten selbst, verzichtete ich darauf, ihn persönlich zu erwähnen.

Ich erinnere mich noch, daß ich beim Schreiben dieser Zeile an die Ansicht eines Freundes dachte, der einst zu mir gesagt hatte: „Das, was man nicht als Geschichte erzählen kann, ist es gar nicht wert, erzählt zu werden.“ So hatte ich das Gefühl, daß ich mich nicht der edlen Aufgabe widmete, Weisheiten in Märchenform zu gießen, sondern daß ich mich mit dem wesentlich weniger edlen Unterfangen aufhielt, diese Weisheit Erwachsenen zu erklären, denen nur die diskursive Vernunft zugänglich war. Jetzt, da ich wieder daran denke, scheint mir, daß ich trotz der geäußerten Hoffnung nicht wirklich davon überzeugt war, daß den „Kindern der Welt“ meine Arbeit gefallen würde. Diese Bemerkung überlebte die Herausgabe des

Buches nur deshalb, weil ich dabei Matias im Sinn hatte und wollte, daß er – zumindest in indirekter oder versteckter Weise – darin vorkommen sollte. Ich denke heute nicht mehr so geringschätzig davon, die Weisheit von Märchen und Geschichten zu deuten; wenn es auch die Kinder nicht interessiert, so hoffentlich doch die Erwachsenen – und das innere Kind, das in jedem lebt. Dieses Vorwort beginnt also damit, was in der früheren Version fehlte – meine Hommage offen auszudrücken.

Als sich in den Siebzigerjahren ein Verleger fand, der dieses Buch veröffentlichen wollte, war es nur natürlich, daß ich mich wegen eines Vorwortes an P. L. Travers wandte. Pamela (bekannt durch *Mary Poppins*) war eine Meisterin des Genres, in dem ich hier meine Kunst der Deutung übte, und wir waren einander bedeutsamerweise durch Dr. Helson vorgestellt worden (der mich darauf gebracht hatte, mich mit Kinderliteratur zu befassen). Es war auch bedeutsam, daß sie Gurdjieff nahe stand (der mein Leben wesentlich beeinflußte), und es war besonders bedeutsam, daß sie während ihres kurzen Besuches in unserem Haus im letzten Jahr einen sehr intensiven Einfluß auf Matias ausgeübt hatte. Die Teezeremonie, die sie an jenem Abend – ohne Tassen und ohne Tee – anleitete, machte auf Matias seelisch einen so starken Eindruck, daß er eine große Liebe für Zeremonien entwickelte. Seither stellte er auf den indischen Tisch mit den Schlangenschnitzereien neben seinem Bett eine Buddha-Statue, eine Kerze und einen wunderschön geschmückten Dolch. Das war sein erster Altar. (Er bestand darauf, das Messer und das Tuch, auf dem es lag, auf seine letzte Reise mitzunehmen.)

Seit es damals veröffentlicht werden sollte, verlief die Geschichte des Buches ziemlich ungewöhnlich. Zuerst wurde die Druckmaschine, in der der Satz gerade fertiggestellt worden war, (gemeinsam mit den Belegen und einer Liste von potentiellen Interessenten) aus der Druckerei gestohlen. Jahre später, als ein spanischer Verleger das Buch übersetzen wollte, gingen die Übersetzung und der Computer, auf dem sie gespeichert war, durch einen Wassereinbruch verloren. Dennoch hatte das Buch zu meiner großen Befriedigung schon vor seinem Erscheinen einen gewissen Einfluß. Bill Bridges, der frühere Präsident der Gesellschaft für Humanistische Psychologie, schrieb mir einmal, die Lektüre des Manuskripts hätte ihn dazu inspiriert, in den 80er Jahren Phantasiegeschichten in den Mittelpunkt eines Jahrestreffens der Gesellschaft in Princeton zu stellen.

Die erhebliche Verzögerung, mit der das Buch erscheint, ähnelt meiner Ansicht nach dem Umstand, auf den Dr. Penarrubia bereits im Vorwort zur spanischen Ausgabe meines Gestaltbuches hinwies: Wenngleich 20 Jahre verspätet, erscheint das Buch doch zu einem ausgesprochen fruchtbaren Zeitpunkt. Nicht nur wird dem Thema der Phantasiegeschichten (wie auch dem der Kindergeschichten) jetzt wesentlich mehr Aufmerksamkeit gewidmet als zu dem Zeitpunkt, da es geschrieben wurde, auch das Interesse an Mythologie ist wahrhaft explodiert – ein kulturelles Phänomen, das vor allem durch die Arbeit (und das Ableben) von Joseph Campbell ausgelöst wurde wie auch durch die Sammlung von Sufi-Geschichten durch Idries Shah. Außerdem zeichnet sich das heutige intellektuelle Klima meiner Meinung nach durch ein wesentlich tieferes Verständnis für den Prozeß der psycho-spirituellen Transformation aus. Zusammen mit dem Wiederaufleben der Mythologie unterstützt dies bestens jenes Verständnis für die „kreative Mythologie", von der Campbell unter Hinweis auf die ursprünglichen symbolischen Aussagen der „Reise" sprach. Diese Kindergeschichten sind ein Beispiel dafür.

Ich meine nicht nur, daß das Erscheinen des Buches heutzutage bei den Lesern auf ein größeres Interesse stößt, sondern mein Gefühl verstärkt sich darüber hinaus noch durch eine zweifache Fügung: Erst vor einigen Monaten beendete ich ein Buch über die patriarchale und die matriarchale Psyche (*Das Ende des Patriarchats und das Erwachen einer drei-einigen Gesellschaft*,

Verlag Via Nova, Peterberg 1999), und ein zweites über kreative Mythologie (*Lieder der Erleuchtung. Die Geschichte des Helden in der westlichen Poesie*, Sphinx Verlag, Basel, 1995). In diesem jüngeren Werk ist jedoch nicht vom bescheidenen Genre der Kinderliteratur die Rede, sondern von den Klassikern der inneren Reise in der westlichen Poesie. Und aus noch einem Grund erscheint mir der jetzige Zeitpunkt – wie ich gerade merke – für die Veröffentlichung dieses Kleinods geeigneter: Ich fühle mich jetzt tiefer und von mehr Menschen geliebt denn je zuvor.

Claudio Naranjo

Vorwort

Mit der Abfassung dieses Buches hat sich Claudio Naranjo dem verschrieben, was das *I Ging* als *Die bezwingende Macht des Kleinen* bezeichnet. Damit meine ich nicht, daß die hier besprochenen Bücher klein an Inhalt wären, sondern klein im Sinne der gestellten Ansprüche. Keines davon erhebt Anspruch, mehr zu sein, als es seinem Wesen nach ist – nämlich eine Momentaufnahme aus dem Unterbewußtsein des Autors, die an die Oberfläche seines Bewußtseins tritt. Nicht ein einziges philosophiert oder gibt sich weise, wenngleich sich in allem eine innere Weisheit und Unschuld zeigt. Und außerdem gibt es da ein Element der Freude an sich selbst, was sie näher an die Poesie rücken läßt als an die sogenannte Kinderliteratur.

Ich sage „sogenannt", weil es meiner Meinung nach Kinderliteratur ebenso wenig gibt wie Literatur für alte oder mittelalte Leute. Literatur ist nicht teilbar, sie ist ein unteilbares Ganzes – Aischylos, Beatrice Potter, Dante, Lewis Carroll. Das Kind taucht einen kleinen Fuß ins Wasser und der Erwachsene einen großen. Das ist der einzige Unterschied. C. S. Lewis meinte einmal, ein Buch, das ausschließlich für Kinder geschrieben wurde, sei schon deshalb ein schlechtes Buch. Und ganz sicher wurde keines der hier besprochenen Bücher für Kinder geschrieben – und auch nicht aus irgendeinem anderen Grund als dem, den inneren Druck und das drängende Bedürfnis des Autors in Worte zu kleiden. Vielleicht nehmen Kinder sie gerade deshalb so sehr für sich in Anspruch. Sie erkennen darin die inneren Welten, die ihnen noch vertraut sind.

Naranjo unterteilt die gewählten Bücher in zwei Kategorien: *Der König von Narnia* von C. S. Lewis, *Der Hobbit* von J. R. R. Tolkien und *Das Schwert im Stein* von T. E. White werden als „patriarchal" bezeichnet und sind von einem Helden geprägt. *Der kleine Prinz* von Antoine de Saint-Exupéry, *Tistou mit dem grünen Daumen* von Marcel Druon, *Die Tierfamilie* von Randall Jarrell und *Wilbur* und *Charlotte* von E. B. White sind „matriarchal“ und weisen das Element des göttlichen Kindes auf.

Diese Unterscheidung ist gerechtfertigt, und das Buch führt uns in einem verschlungenen Tanz mal durch den einen Aspekt, dann wieder durch den anderen, bis wir letztlich zu der einfachen und doch tiefen Erkenntnis gelangen, daß der Held den Drachen in sich aufnehmen und sich mit ihm versöhnen muß – d. h., er muß etwas „tun“, während das göttliche Kind, das seiner Natur nach bereits eins mit sich und der Welt ist, bloß „sein“ muß. Ich bin sicher, daß die acht Autoren – mögen sie noch in dieser Welt oder schon im Himmel weilen – Claudio Naranjos scharfsinnigen Essay begrüßen werden.

P. L. Travers

Einleitung

Vor einigen Jahren untersuchte Dr. Ravenna Helson den Arbeitsstil herausragender Mathematiker und Mathematikerinnen. Es stellte sich heraus, daß es sogar in einem so objektiven Gebiet wie der Mathematik möglich war, je nach dem Geschlecht zwei verschiedene Arten von Kreativität zu unterscheiden. Für die beiden Wege der Problemlösung, die sich in ihrer Forschung herauskristallisierten, wählte sie die Bezeichnungen „patriarchal“ und „matriarchal“. Dies war ein Tribut an Erich Neumann und verwies auf die Analogie zwischen diesen beiden Kreativitätstypen und den Arten von Bewußtsein, die Neumann auf gleiche Weise bezeichnete. Wenngleich im großen und ganzen Männer patriarchaler – d. h. systematischer und zielgerichteter – und Frauen matriarchaler – d. h. offen für Intuition und Erkenntnisse aus dem Unterbewußten – sind, zeigten sich doch bei Männern und Frauen Unterschiede im Bezug darauf, wie weit diese Ansätze offen zutage traten.

Dr. Helson wollte den Ausdruck des matriarchalen und des patriarchalen Kreativitätstypus auch in einem anderen Gebiet als dem der Mathematik untersuchen und wandte sich der Aktivität von Autoren zu – genauer gesagt, den Verfassern von Kindergeschichten. Diese schienen eine hinlänglich einheitliche Gruppe zu sein, und darüber hinaus eine, die sich auf Struktur und Inhalt untersuchen ließ.

Dr. Helson wählte eine Gruppe von siebzig Kinderbüchern aus (ausgenommen waren solche für Kinder unter acht Jahren), die zwischen 1930 und 1968 verfaßt worden waren, und legte sie einer Reihe von Kritikern vor, um von ihnen Qualitätskriterien zu erhalten. Zwei Kriterienlisten beschrieben, in welchem Ausmaß die Bücher bestimmte formale Stil- und inhaltliche Argumentationselemente aufwiesen.

Nachdem die Bücher auf eine Reihe von Merkmalen hin untersucht worden waren, wurden die Daten in einen Computer eingegeben, um eine sogenannte Cluster-Analyse durchzuführen. Diese Analyse beinhaltet zunächst eine Berechnung, ob und in welchem Ausmaß bestimmte Merkmale und Variablen gemeinsam auftraten. Diese beantworten Fragen wie: Kommen Riesen in Büchern meist dann vor, wenn es darin auch Prinzen gibt, und umgekehrt? Steht der Realismus einer Geschichte im Bezug zu einem guten oder einem schlechten Ausgang? Gibt es eine Parallele zwischen dem Ausdruck von Zärtlichkeit und dem Auftreten von Tieren unter den Figuren eines Buches?

Wenn alle möglichen Wechselbeziehungen zwischen den vorgegebenen Elementen erfaßt sind, läßt sich feststellen, ob solche Elemente (die gemeinsam mit bestimmten anderen auftreten) wie Sterne „Konstellationen" bilden – d. h. Gruppen, in denen jedes einzelne Element zu allen anderen in Bezug steht, und wie viele solcher Konstellationen es gibt. In der Fachsprache der Statistik bezeichnet man solche Konstellationen als Cluster.

Zwei Cluster zeigten sich in Dr. Helsons Untersuchung sehr deutlich. Der eine enthielt inhaltlich vor allem die Elemente Aggression, Leistung, die Überwindung gegnerischer Mächte und böser Kreaturen, mehr Inhalt als Beschreibung von Figuren und das Auftreten magischer Elemente und magischer Welten. Der andere wies die folgenden Elemente auf: den Ausdruck zärtlicher Gefühle, ein geruhsames Tempo, Realismus und mehr Beschreibung von Figuren und von Szenerie als von Inhalt.

Die Merkmale des ersten Clusters traten vor allem in den Werken von Männern zutage, die des zweiten Clusters in den Werken von Frauen. Schon aus diesem Grund bezeichnete Dr. Helson die beiden Cluster – unabhängig von ihren Merkmalen – als „patriarchal" und „matriarchal".

Interessanterweise zeigten die Ergebnisse, daß die beiden stilistischen Tendenzen nicht unvereinbar waren. Die kreativeren unter den ausgewählten und untersuchten Büchern wiesen beide Cluster auf, und vor allem die besten Bücher zeigten beide Sichtweisen und Merkmale, wenn auch die einen mehr als die anderen.

Beide Schreibstile traten sowohl bei Männern als auch bei Frauen auf. Typisch „patriarchale" und von Männern verfaßte Bücher waren:

> *Der König von Narnia* von C. S. Lewis;
> *Der Hobbit* von J. R. R. Tolkien;
> *Taran und das Zauberschwein* von Lloyd Alexander;
> *Das Schwert im Stein* von T. E. White

Typisch „matriarchale" Bücher, die von Männern verfaßt wurden, sind die folgenden:

> *Der kleine Prinz* von Antoine de Saint-Exupéry;
> *Tistou mit dem grünen Daumen* von Marcel Druon;
> *Die Tierfamilie* von Randall Jarrell;
> *Wilbur und Charlotte* von E. B. White.

In den obigen Listen, die die vier vielleicht bekanntesten Werke jedes Clusters nennen, dominierten unter den männlichen Autoren in der „patriarchalen" Gruppe die Briten und in der „matriarchalen" Gruppe die Franzosen.

Dr. Helson lud mich ein, dem statistischen Teil ihrer Studie detailliertere inhaltliche Untersuchungen ausgewählter und repräsentativer Werke jedes Typus hinzuzufügen. Ich entschied mich – zumindest als Ausgangbasis – für die acht oben genannten Werke. Innerhalb der Cluster stellen sie einen guten Kompromiß zwischen repräsentativem Querschnitt (im Bezug auf die Cluster-Wertung) und Qualität dar. Der Einfachheit halber beschränkte ich mich auf Bücher männlicher Autoren.

Nachdem ich die ersten Ergebnisse meiner Untersuchung und die Besprechung unserer Eindrücke am Institut für die Erforschung der Persönlichkeit an der Universität von Kalifornien in

Berkely vorgestellt hatte, schlug Dr. Helson vor, ich solle in einem weiteren Artikel einen Bezug zwischen meinen inhaltlichen Beobachtungen und ihrer Cluster-Untersuchung herstellen. Unsere beiden Analysen, die sich in Stil und Methode unterschieden, sollten dann gemeinsam in einem Journal oder einer größeren Sammlung von Artikeln veröffentlicht werden.

Ich begann zu schreiben und schrieb und schrieb und schrieb … die Schönheit und die Weisheit der Bücher zog mich immer mehr in ihren Bann, bis ich 150 Seiten geschrieben hatte. Da war mir klar, daß ich keinen Artikel, sondern ein Buch geschrieben hatte.

Ich dachte, ich hätte über diese acht Bücher geschrieben. In Wahrheit schrieb ich jedoch eine Menge über dies und das, was ich schon immer hatte sagen wollen. Die zwei Typen von Kinderbüchern führten mich bald zu zwei Typen von Literatur – vergleichbar etwa dem Tragischen und dem Komischen im klassischen Sinn. Und hinter diesen beiden Typen von Literatur verbergen sich wiederum zwei Erfahrungswelten und zwei Lebensarten. Eine der beiden, in der sich eine Art von Einverständnis mit dem Leben und dem Menschen zeigt, scheint die Philosophien den Fernen Ostens zu spiegeln. Die andere, die auf die Mißstände unseres Daseins verweist, spiegelt die Doktrin von der Erbsünde und die Sichtweisen von Judentum, Christentum und Islam.

Vor allem zeigen die beiden Haltungen, die den „patriarchalen" und den „matriarchalen" Büchern zugrunde liegen, zwei Sichtweisen, mit denen sich jeder von uns identifizieren kann – zwei unterschiedliche, scheinbar gegensätzliche und in Wahrheit doch einander ergänzende Perspektiven. Die Realität läßt sich meiner Meinung nach durch eine Synthese der beiden begreifen. Meine Arbeit begann mit einer Art von Essay in vergleichender Literaturwissenschaft oder Kunstpsychologie. Schließlich wurde daraus – ähnlich wie bei Joseph Campbell und der Mythologie – ein exegetisches Werk. Als Ausgangspunkt hat diese sehr ernsthafte Exegese jedoch nicht eine religiöse Schrift oder ein mythologisches Denkmal, sondern kleine Bücher, die Erwachsene unserer Zeit – aus einem Gefühl der Wichtigkeit heraus – Kindern hinterlassen haben.

Nach dem, was ich aus meinen eigenen Schriften erkennen konnte, sind Erwachsene sehr schlecht beraten, wenn sie diese Bücher nicht ernster nehmen. Ganz anders als in der Mehrzahl der Belletristik für Erwachsene geht es in ihnen nämlich tatsächlich um Leben und Tod.

Möge ihre Weisheit die jungen Leute weiterhin nähren!

Anmerkung: Zitate, auf die ich im Zusammenhang mit den hier besprochenen Ideen den Leser besonders aufmerksam machen will, sind im ganzen Buch *kursiv* gedruckt.

Claudio Naranjo

Stilistische Unterschiede

Die Botschaft im Medium

Analysiert man eine Geschichte nach Beziehungen, Clustern oder Elementen, so verweist dies nur darauf, daß bestimmte Merkmale tendenziell gemeinsam auftreten. Das Lesen des Buches führt uns dagegen zum intuitiven Verstehen einer Einheit, aus der heraus die verschiedenen Merkmale sich entwickeln und wegen der sie letztlich da sind. So besteht etwa kein unmittelbarer Bezug zwischen Begriffen wie „Sanftmut", „gemächliches Tempo", „Aufmerksamkeit für das Umfeld" und „Realismus", wenn wir diese als bloßes Konzept verstehen. Treten diese jedoch in einem bestimmten Buch auf, so entdecken wir vielleicht, daß „das Medium die Botschaft" ist. Das heißt, jedes der fraglichen stilistischen Merkmale ist Ausdruck einer bestimmten Lebenshaltung, die wahrscheinlich auch den Autor inspiriert hat und sein tatsächliches Geschenk an den Leser ist. Kommen wir mit dieser Einstellung oder Geisteshaltung jenseits der Form, in der sie sich ausdrückt, in Berührung, so entdecken wir darüber hinaus vielleicht auch noch *die gleiche Art, in dieser Welt zu leben,* die aus jedem der Merkmale, Elemente und Quellen spricht, die einen Stil ausmachen. Umgekehrt setzt sich der Stil (als Summe von Merkmalen) aus derartigen Formen und Elementen zusammen, die eine einzige Haltung widerspiegeln. Das möchte ich anhand von patriarchalen und matriarchalen Stilen diverser Kinderbücher männlicher Autoren zeigen.

Beginnen wir mit dem Stichwort „Realismus". Obwohl es sich bei all den hier untersuchten Büchern um Märchen handelt, nicht um realistische Werke, unterscheiden sich die beiden

Typen doch wesentlich bezüglich der Art von Welt, in denen ihre Handlung spielt. Beim patriarchalen Typus geht es um Abenteuer in unwirklichen oder magischen Welten, um ferne Länder, Wesen und Erfahrungen, die dem Leser und oft auch dem Helden selbst nicht vertraut sind. Die Bücher des sanfteren Typus sind dagegen realistisch – sie handeln von den Erfahrungen von Menschen und Tieren in der uns bekannten Welt.

Vergleichen Sie die beiden folgenden Ausschnitte:

1. Annuvin ist mehr als bloß ein Land des Todes. Es ist ein Schatzhaus, das nicht nur Gold und Juwelen birgt, sondern alles, was dem Menschen zum Vorteil gereichen kann. Vor langer Zeit gehörten diese Schätze der menschlichen Rasse. Doch mit Geschick und Täuschung entwendete Arawn einen nach dem anderen für seine bösen Zwecke. Nur einige der Schätze konnten ihm wieder abgerungen werden, die meisten liegen jedoch tief verborgen in Annuvin, wo Arawn eifersüchtig über sie wacht.
   (aus *Taran und das Zauberschwein* von L. Alexander)

2. Als die Scheite jedoch zu glühender Kohle und die glühende Kohle zu Asche verbrannt waren, legte sich der Mann in sein Bett, deckte sich mit dem warmen Bärenfell zu und lauschte dem schweren, sanften Klang der Wellen, der sich beständig wiederholte. Fast war es, als ob seine Mutter sänge. Und bevor ihm noch einfiel, daß sein Vater und seine Mutter schon gestorben waren und er allein dort lebte, war er schon eingeschlafen – und im Schlaf saß seine Mutter an seinem Bett und sang, und sein Vater saß bei der Feuerstelle, wachste die

Saite seines Bogens und reparierte seine weißen Pfeile.

(aus *Die Tierfamilie* von R. Jarrell)

Der erste Ausschnitt ist wie der Großteil des Buches und der anderen Bücher dieser Gruppe mythisch. Der zweite erzählt von dieser Welt und nicht von einer weit entfernten, und sogar der Traum darin ist mehr von dieser Welt als Annuvin, ein Reich, das vor der menschlichen Rasse *bewacht* wird, und wo Schätze *versteckt* werden. Tatsächlich sind *das Versteckte* und die Ferne im ersten im Gegensatz zum *Gegebenen* des zweiten wesentlich – und zwar weit wesentlicher als oberflächlich nach Ähnlichkeit der Erzählelemente und gemeinsamer Erfahrung zu unterscheiden. Wenngleich diese Ähnlichkeit in den Büchern des matriarchalen Typus tatsächlich größer ist, kann man dies sowohl als Hinweis auf das Interesse des Autors am Gegebenen oder auch als Ausdrucksmittel seiner Liebe für die Welt, wie er sie sieht, interpretieren. Hinweis oder Mittel – beides wird aufgehoben, wenn sich der Geist des Gegebenen auf ganz andere Weise ausdrückt und die Erlebnisse einer Nixe plötzlich um nichts weniger „realistisch" erscheinen.

Sie liebte das Feuer. Als sie es zum ersten Mal sah, bewegte sie sich darauf zu und machte sich daran, eine der roten Kohlestücke aufzuheben. Der Jäger rannte auf sie zu und zog sie weg, aber es war schwer, ihr begreiflich zu machen, warum. Er mußte ihre Hand nahe ans Feuer führen

> und sie fast verbrennen, damit sie ihm Glauben schenkte. Sie steckte ihre Finger in den Mund, leckte sie, nahm sie wieder heraus und sah sie entgeistert an.

Nur an der Oberfläche läßt sich diese Begebenheit als „mythisch“ bezeichnen, nämlich insofern, als es sich bei der Figur um eine Nixe handelt. Das wissen wir aber auch nur deshalb, weil der Autor es uns mitteilt. Ansonsten könnten wir sie auch für ein Kind oder für einen Menschen halten, der kein Feuer kennt. Die Figur, durch die der Autor hier spricht, ist also ein mythisches Wesen, die gemachte *Erfahrung* jedoch keine mythische.

Ist *formaler Realismus* also bloß die äußere Hülle eines *erfahrenen Realismus* (d.h. eine Erfahrungsqualität, die sich nur durch ersteren ausdrückt), so wollen wir uns doch auch anderen Aspekten der zitierten Ausschnitte zuwenden, durch die wir ihre wesentlichen Unterschiede besser verstehen können.

Die gegensätzlichen Zitate unterscheiden sich nicht nur hinsichtlich einer bekannten oder unbekannten Welt. Sie unterscheiden sich in allem, was die beiden hier besprochenen Typen von Dichtung unterscheidet. Wie viele andere Passagen beweisen sie nämlich, daß sich das Ganze in seinen Teilen widerspiegelt. Der erste Ausschnitt spricht von der Ferne, der zweite vom „Hier“; der erste von einer legendären Vergangenheit, die in eine abenteuerliche Zukunft einlädt, der zweite führt uns (wenngleich grammatikalisch in der Vergangenheit) in die Gegenwart der Figur. Der erste ist symbolischer Natur, der zweite nicht-symbolisch; der erste unterstreicht den Inhalt über einen ausgedehnten Zeitraum hinweg, der zweite die Gefühle eines bestimmten Augenblicks; der erste spricht von einem Land des Todes, der zweite vermittelt einen Sinn für das Leben, zu dem auch Traurigkeit und das Wissen um den Tod gehören.

In all den hier aufgezählten Unterschieden spiegelt sich die Frage der *Wirklichkeit* gegenüber dem *Fernen* und auch die schon vorher erwähnte Unterscheidung zwischen *Gegebenem* und *Versecktem*. Matriarchale Werke betonen das Tatsächliche, Aktuelle nicht nur in Form des „Hier“ und nicht des „Dort“, sondern auch in Form der Gegenwart und nicht der Vergangenheit oder Zukunft, des Greifbaren und nicht des Vorgestellten, der Erfahrung und nicht des Symbols, der Freude und nicht des Sehnens.

Ein Stilmerkmal, das sich als direkte Auswirkung des wirklichkeitszentrierten Fokus verstehen läßt, ist das „gemächliche Tempo“, das matriarchale Bücher von patriarchalen unterscheidet. Während sich die ersten in einer ewigen Gegenwart entfalten, so daß jede Seite aus sich selbst heraus interessant ist, entwickeln sich letztere immer von der Vergangenheit in die Zukunft, so daß die meisten Seiten der Spannung, der Erhöhung oder der Erweiterung dienen. Man könnte sogar sagen, daß sich Werke des ersten Typus außerhalb der Zeit entwickeln, so daß jeder Moment wie ein Blatt der gleichen Rose erscheint, das ihren inneren Lohn und ihre Schönheit zum Ausdruck bringt. Die Werke des zweiten Typus entfalten sich mit der Zeit, so daß die Erfüllung, die von den Weisen und Alten vorhergesagt wird, in der Zukunft liegt.

Die gegenwartsbezogene Haltung der Werke des matriarchalen Typus zeigt sich sehr deutlich in einem Ausschnitt aus dem Buch von Saint-Exupéry, in dem der kleine Prinz auf einen Kaufmann trifft, der Pillen gegen Durst verkauft. Ohne das Bedürfnis nach Flüssigkeit würde der, der sie einnimmt, *Zeit sparen*, argumentiert der Kaufmann:

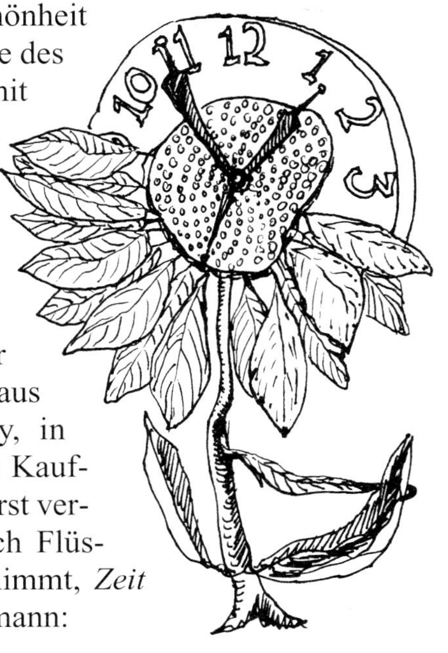

„Mit diesen Pillen sparst du jede Woche 53 Minuten.“

„Und was mache ich mit diesen 53 Minuten?“

„Was immer du willst.“

„Was mich angeht“, meinte der kleine Prinz, „so würde ich, wenn ich 53 Minuten so verbringen könnte, wie ich wollte, einen Bach mit frischem Wasser entlang wandern.“

„Zeit zu sparen“ verfolgt immer einen Zweck, für den kleinen Prinzen gibt es jedoch nichts Sinnvolleres, als von Augenblick zu Augenblick zu leben. Er sieht keinen Sinn darin, das Leben um des Lebens willen aufzuschieben. Während „tun, was man will“, für ihn „einen Bach mit frischem Wasser entlang wandern“ bedeutet, das heißt „leben und genießen“, bedeutet es für den Helden des konträren Literaturtypus die Suche nach etwas Fernem, wie etwa nach einem Wunderbrunnen in einer magischen Welt. Und eben wegen dieses Dursts kann er die Brunnen dieser Erde nicht schätzen.

In *Die Tierfamilie* von R. Jarrell drückt sich die gegenwartsbezogene Haltung besonders durch die Nixe aus:

> Die Nixe erzählte ihm von ihrer Kindheit und ihrer Familie und auch von ihrer toten Schwester, sie schien aber nie irgend jemanden von ihnen zurück haben zu wollen.
>
> Der Jäger fragte ganz erstaunt: „Wünscht du dir nicht, daß deine Schwester noch da wäre?“
>
> Die Nixe antwortete: „Sie war doch damals da. Warum möchtest du, daß sie jetzt auch da ist? Ein Tag ist für die Geschöpfe des Meeres wie eine Welle, und der nächste Tag ist wie die nächste Welle. Und ob sie nun froh sind oder traurig, das Meer wäscht alles weg. Als meine Schwester starb, hatte ich es am nächsten Tag vergessen und war wieder glücklich ...“

Da sie nicht an der Vergangenheit hängt, kann sie auch die Gegenwart voll genießen, und diese Fähigkeit (die auch die des Autors vermittelt) verleiht dem Buch seinen Gehalt. Alles, was die Figuren in ihrer Umgebung erleben, bietet sich dem Leser als Geschenk von Augenblick zu Augenblick an. Der Inhalt ist von geringer Bedeutung, denn alles Augenmerk liegt auf dem Augenblick: der Liebreiz des Bärenjungen, das sich gerade schlafen legt, die Art, wie der Luchs entlang der Brandung im nassen Sand geht und am Treibholz und am Seegras schnüffelt, der Gesang des Vogels und jedes andere Detail des *Umfeldes*.

Die Betonung des Umfelds wie auch die Beschäftigung mit der Persönlichkeit der Figuren und ihren Beziehungen (dem menschlichen Umfeld) können so als weiteres Merkmal des Interesses an der Wirklichkeit verstanden werden – des Interesses an den Dingen, wie sie sind, an Wesen oder Ereignissen um ihrer selbst willen. Es geht hier nicht so sehr um ein *Ideal* und um das Streben nach dem, was sein könnte oder sollte. Für den kleinen Prinzen und die Nixe gibt es keine Langeweile, denn das Leben selbst ist für sie interessant, egal wie es aussieht:

> Sie konnte auch nicht verstehen, warum er sich langweilte – sie konnte nicht einmal verstehen, was es bedeutete, sich zu langweilen. Sie sagte: „Wenn du etwas nicht mehr tun willst, kannst du doch etwas anderes machen. Und warum mußt du überhaupt etwas tun?“

> Sie lag zusammengerollt auf der Fensterbank – von einem Schiff hatte sie ein großes Fenster aus Glas und Holz und eine Fensterbank voll mit Fellen –, und von dort sah sie hinaus auf das Meer oder döste oder war einfach da.

Dies steht in krassem Gegensatz zur Psychologie des Helden im konträren Typ von Geschichte, der sich im Grunde unbefriedigt und nicht selten gelangweilt fühlt. Es ist diese Langeweile und der Drang nach Aufregung, die ihn ins *Abenteuer* treiben, zum Sprung ins Außergewöhnliche, der letztlich auch den Inhalt bildet. Und so geschieht es auch an einem regnerischen Tag, daß die Kinder in Lewis *Der König von Narnia* frustriert beschließen, das Haus, in dem sie sich befinden, zu *erforschen*. Daraufhin betreten sie eine magische Welt. „Alle stimmten zu, und so nahm das Abenteuer seinen Lauf. Es war die Art von Haus, wo es scheinbar immer weiter ging, und es war voll unerwarteter Orte."

T. H. White nennt die Langeweile noch ausdrücklicher als Motiv dafür, daß der junge Arthur („Wart") Merlin um seine aufregende Magie anbettelt. Das wird zum Ausgangspunkt einiger Abenteuer:

> „Oh, Merlin", rief der Wart, ohne zu antworten, „bitte, gib mir etwas zu tun, ich fühle mich so elend. Niemand gibt mir heute etwas zu tun, und ich weiß einfach nicht, wie ich auf mich aufmerksam machen soll. Es regnet so stark."

Im ersten Fall ist es die *Verborgenheit* des „alten Hauses voll unerwarteter Orte", die den Drang der Kinder nach Erforschung und Abenteuer, der aus ihrer Langeweile entsteht, befriedigt. Und es ist das *Verborgene* von Merlins Zauber in *Das Schwert im Stein*, das im jungen Arthur eine ähnliche Langeweile und das Verlangen nach Aufregung stillt. Langeweile, Frustration und Abenteuerlust können in beiden Fällen als Verlangen nach dem Außergewöhnlichen gesehen werden, das heißt als Kehrseite ihrer Unfähigkeit, sich mit dem „Gewöhnlichen“ zufrieden zu geben.

Ziehen wir dies anhand des Falles von Taran, dem Helden aus *Taran und das Zauberschwein*, näher in Betracht. „Taran wollte ein Schwert machen“, heißt es in der allerersten Zeile des Buches, „aber Coll, der für den praktischen Teil seiner Erziehung zuständig war, entschied sich für Pferdehufe.“ Die Frage Schwert oder aber Pferdehufe bringt das hier diskutierte Thema auf den Punkt und dürfte ein gutes Symbol für die Haltung des „Helden“ sein.

> „Warum“, rief Taran, „warum müssen es Pferdehufe sein, als ob wir irgend welche Pferde hätten!"
>
> „Ein Schwert könnte ich viel besser machen“, protestierte Taran. „Ich weiß, daß ich es könnte.“
>
> Und bevor Coll noch antworten konnte, griff er nach seinen Zangen, schwang eine Stange heißen, rotglühenden Eisens auf den Amboß und hämmerte darauf ein, so schnell er konnte.

„So schnell er konnte.“ Tarans Eifer, der ihn vom Gewöhnlichen in eine erdachte Zukunft drängt, bildet die Grundlage des Inhalts und der Spannung. Und auch ganz allgemein ist das Gefühl des Mangels an Erfüllung inmitten des Gegebenen ein Grund für das *Handeln* des Helden. Denn so wie der *Held* aktiv ist, ist der *Genießer* der konträren Arbeiten kontemplativ. Ihn erfüllt das Gewöhnliche, daher braucht er nichts zu vervollkommnen und zu erreichen. Ohne Eile gibt er sich dem Augenblick hin, schätzt die Stille, die Ruhe, das „bloße Sein“. So erleben wir etwa einen Auszug aus dem Tagesablauf von Wilbur, dem Schwein in E. B. Whites *Wilbur und Charlotte*:

Von elf bis zwölf wollte er still stehen, die Fliegen auf den Brettern beobachten, die Bienen im Klee und die Schwalben in der Luft.

Zwölf Uhr – Mittagszeit. Grobes Mehl, warmes Wasser, Apfelschalen, Fleischsaft, das Abgeschabte von Karotten, alte Essensreste und die Überbleibsel einer Packung Käse. Um eins war das Mittagessen vorbei, von eins bis zwei wollte Wilbur schlafen.

Von zwei bis drei wollte er einige juckende Stellen kratzen, indem er sie gegen den Zaun rieb.

Von drei bis vier wollte er ganz ruhig stehen und darüber nachdenken, wie es war, zu leben und auf Fern warten.

Nichts könnte weniger heldenhaft sein als das. Dem Helden *genügt es nicht*, still zu stehen, zu schlafen und zu essen. Und auch zu leben ist ihm nicht genug. Im Vergleich zum Objekt seines Strebens erscheinen ihm ein Heim, Bequemlichkeit und Liebe, die Zufriedenheit der *Kreatur*, wenig interessant.

Der Konflikt zwischen Kreaturhaftigkeit und Heldentum wird auf den ersten Seiten von Tolkiens *Der Hobbit* anhand zweier Persönlichkeitsanteile der Hauptfigur deutlich. Tolkien beschreibt Hobbits als generell kreaturhaft und wenig heldenhaft: gesellig und bequem schauen sie auf Abenteuer herab. Schon die erste Zeile des Buches stellt uns diese Seite ihres Wesens durch eine Überlegung bezüglich Mr. Baggins Wohnung vor:

> „In einem Loch im Boden lebte ein Hobbit. Kein ekliges, schmutziges, nasses Loch … noch ein bloßes Sandloch ohne Sitz- und Eßgelegenheit. Es war das Loch eines Hobbit, und das bedeutete *Komfort*.“

Später heißt es über die Familie dieses Hobbit: „... weil sie nie *Abenteuer* erlebten oder irgend etwas *Unerwartetes* taten. Ohne zu fragen, wußte man genau, wie ein Baggins eine Frage beantworten würde. Diese Geschichte handelt davon, wie ein Baggins ein Abenteuer erlebte und Dinge tat, die er nie erwartet hatte."

Und über die Hobbits im allgemeinen heißt es: „Um sie herum gibt es keinen *Zauber*, sie sind eher von der *gewöhnlichen* Sorte, was ihnen hilft, sang- und klanglos zu verschwinden, wenn dumme Leute wie du und ich einherstolpern."

Mr. Baggins hatte jedoch einige Vorfahren, die ihn „nicht gänzlich hobbit-artig" sein ließen. Er war ein Nachfahre des Alten Took, „des Häuptlings der Hobbits, die *auf der anderen Seite des Wassers* lebten." Es wurde gesagt, daß vor langer Zeit einer der Tooks in eine Elfenfamilie eingeheiratet hatte. Es war die Took-Seite seines Wesens, die von den kriegerischen Zwergen angelockt wurde.

Zum ersten Mal tritt der Hobbit in der Geschichte in der Szene auf, in der er auf den Zauberer Gandalf trifft. Sie beschreibt sehr gut, welcher Gegensatz zwischen heldenhaftem Abenteuer und der Sympathie für die biologische Anlage und für das Genießen dessen, was da ist, liegt:

> „Guten Morgen", sagte Bilbo, und er *meinte es auch so. Die Sonne schien, und das Gras war sehr grün.*

„Was meinst du damit?“ fragte er. „Wünscht du mir einen guten Morgen oder meinst du, daß der Morgen gut ist, ob ich es nun will oder nicht; oder daß du dich an diesem Morgen gut fühlst; oder daß es ein Morgen ist, an dem es einem gut gehen sollte?“

„Alles zusammen“, sagte Bilbo, „und ein sehr guter Morgen für eine Tabakspfeife vor der Tür ... *keine Eile, der ganze Tag liegt noch vor uns*.“

„Sehr schön!“ sagte Gandalf. „Aber heute Morgen habe ich *keine Zeit, Rauchringe in die Luft zu blasen*. Ich suche nach jemandem, mit dem ich ein *Abenteuer* erleben kann.“

„ ...*wir sind einfache, ruhige Leute und können keine Abenteuer gebrauchen.* Das sind eklige, störende, *unbequeme* Sachen! *Und dann kommt man noch zu spät zum Abendessen.*“

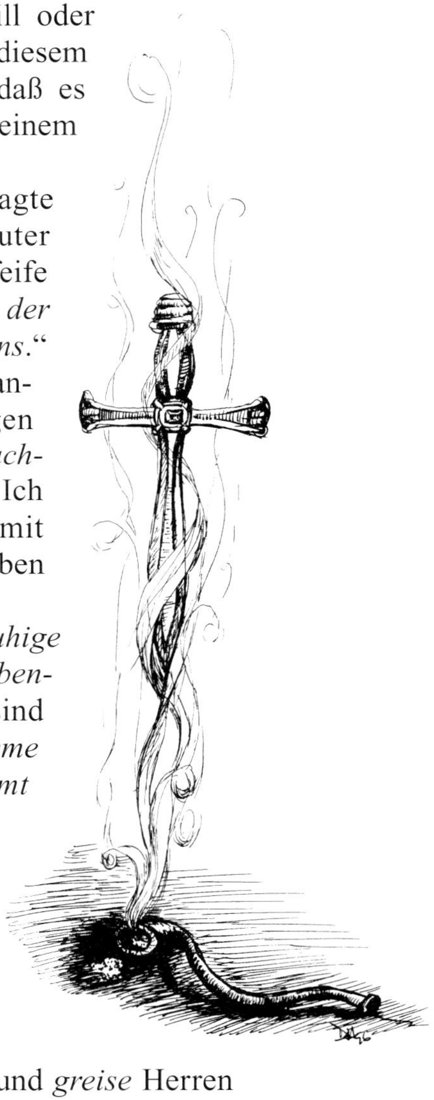

Später hörte der Hobbit, die Zwerge jedoch singen, wie ...

es für *alte* Könige und *greise* Herren
gar manchen funkelnden *goldenen* Schatz gibt,
den sie formten und schmiedeten,

und wie sie das Licht *einfingen*,
um es in den Edelsteinen auf dem Knauf
der Schwerter zu *verstecken* ...

... und ...

weit über die nebligen und kalten Berge
zu *tiefen* Verließen und *alten* Höhlen
müssen wir bei Tagesanbruch *fort*,
um unser lang vergessenes Gold zu fordern ...

... Und ...

„... als sie sangen, fühlte der Hobbit, wie sich in ihm die Liebe zu schönen Dingen regte, die mit Geschick und Magie von Hand erzeugt waren. Es war eine heftige und *eifersüchtige Liebe, die Sehnsucht aus dem Herzen der Zwerge*. Etwas Tookisches erwachte in ihm, und er wollte auf einmal fort, um die großen Berge zu sehen ... die Höhlen zu erforschen und anstatt seines Gehstocks ein Schwert zu tragen.“ (d. h. ein Schwert anstatt der Pferdehufe).

„Eifersüchtige Liebe“ und „die Sehnsucht im Herzen der Zwerge“ habe ich *kursiv* gedruckt, weil sie eine weitere Facette der Abenteuerlust sind, die wir dem selbstzufriedenen Genuß der Wirklichkeit gegenüberstellen. Kontemplativ zu sein bedeutet tatsächlich, keine Sehnsucht zu haben. So wie der Lohn des voll erlebten Augenblicks den Durst für das Ferne löscht, ermöglicht die Beschäftigung mit nichts anderem als dem Gegebenen dem kleinen Prinzen, der Nixe und anderen Wesen aus der matriarchalen Geisteswelt, sich selbst voll dem Augenblick hinzugeben. Ihre Liebe liegt in dieser vollen Hingabe an den Augenblick und nicht in der Sehnsucht nach dem Möglichen, und deshalb paßt das Stilelement des „sanften Gefühls" zum „gemächlichen Tempo", zur „Betonung des Umfelds", zum „Realismus" und zu anderen Merkmalen.

Der Held ist zu sehr mit seiner Suche und seiner Sehnsucht beschäftigt, um sein Augenmerk auf das Gegebene zu richten und dabei zu verweilen. Die Figuren im konträren Literaturtypus wollen nichts für sich selbst und können sich deshalb – da sie auch nichts zu verlieren oder zu gewinnen haben – voll auf das einlassen, was das Leben ihnen bringt. Sie gehen so sehr im Realen auf, daß sie im Reich der „Spiele, die Menschen spielen", wenn sie von ihren Phantasien und dem Bedürfnis nach Wichtigtuerei getrieben werden, zu Außenseitern werden. In *Tistou mit dem grünen Daumen* findet sich der folgende Ausschnitt:

> Tistou fand heraus, warum der alte Gärtner so wenig mit den Menschen sprach. Er sprach einfach lieber mit den Blumen.
>
> Außerdem ist wohl ziemlich klar, daß einem, wenn man jeder Rose am Strauch und jeder Blüte am Busch ein Kompliment macht, am Ende eines Tages nicht viel Stimme übrigbleibt, um „Guten Abend, mein lieber Herr" oder „Gute Nacht, gnädige Frau" oder „Gesundheit", wenn jemand niest, zu sagen – das heißt, all diese kleinen Phrasen, damit die Leute von einem sagen, wie höflich man ist.

Saint-Exupéry verwendet in Der kleine Prinz ein ähnliches Bild:

> „Ich hätte nicht auf sie hören sollen", vertraute er mir eines Tages an. „Man sollte nie auf die Blumen hören. Man sollte sie einfach nur ansehen und ihren Duft einatmen. Ihr Duft überzog den ganzen Planeten,

aber ich wußte nicht, wie ich mich an ihrem Liebreiz erfreuen sollte ... „

„... tatsächlich verstand ich überhaupt nichts! Ich hätte sie nach Taten und nicht nach Worten einschätzen sollen ... ich war zu jung, um zu wissen, wie ich sie lieben sollte.“

In diesem Ausschnitt wird Liebe mit der Freude am Liebreiz der Rose gleichgesetzt, und das konnte nur geschehen, indem man sich auf ihre Realität bezog anstatt auf ihre List, auf ihre Taten anstatt auf ihre Worte. Diese Aussage führt uns nicht nur zum Wesen der Wirklichkeit zurück, sondern regt auch zu weiteren Gedanken über das Wesen der Alternative an. Wenn wir unsere Aufmerksamkeit wieder auf die aktiven Helden in den entsprechenden Büchern richten, so stellen wir fest, daß es eben ihr Urteilen nach Worten und nicht nach Taten ist, das sie davon abhält, sich „am Liebreiz der Welt zu erfreuen“, in der sie sich bewegen.

Genauer gesagt ist die Sache, der sie nachlaufen, ein geistiges Gebilde. Ihre Ideale und Bestrebungen begründen sich in der westlichen Tradition und sind das Echo oder die Spiegelung einer Wirklichkeit, letztlich aber doch nur ein Echo. Tatsächlich liegt das *Reale* für sie im *Verborgenen*, während sie selbst ganz versunken in ihre Suche nach einem Konzept oder einem Symbol dessen sind, was die Realität wohl sein könnte.

Sehen wir uns doch einmal den folgenden Ausschnitt an:

„Warum soll ich das alles lernen, wenn doch ohnehin nichts aus mir wird?“ entgegnete Taran. „Mir scheint, das Schicksal hat mir auferlegt, überhaupt nichts Interessantes kennenzulernen, an keine interessanten Orte zu reisen und auch nichts Interessantes zu tun. Aus mir soll sicher nichts werden. Und ich bin auch nichts, nicht einmal in Caer Dallben!"

„Nun gut", sagte Coll, „wenn das alles ist, was dir Sorgen macht, dann mache ich einfach etwas aus dir. Von jetzt an bist du Taran, der Schweinehüter-Assistent. Du wirst mir dabei helfen, auf Hen Wen aufzupassen. Sorge dafür, daß ihr Trog voll ist, bringe ihr Wasser und schrubbe sie jeden Tag ab."

„Das mache ich ja jetzt schon", meinte Taran bitter.

„Umso besser", sagte Coll. „Es macht die Dinge auch um so vieles leichter. *Wenn du etwas sein willst, das einen Namen hat, fällt mir gar nichts ein, das dem näher käme.*"

Der Zustand, in dem wir Taran in dieser Szene finden, ist der gleiche, der im *Don Quixote* so sehr ins Lächerliche gezogen wird. Wie Cervantes uns erzählt, war dieser bekanntlich verrückt geworden, weil er so viele Geschichten von umherziehenden Rittern gelesen hatte. Der positive Beitrag des patriarchalen Geistes mag sehr wohl darin liegen, auf das Ideal hinzuweisen – das kann sich jedoch auch ins Krankhafte steigern, wenn man nämlich in einer Welt lebt, in der die Bezeichnungen für Dinge wichtiger sind als die Dinge selbst. Als Taran in seinen späteren Abenteuern auf einen wirklichen Helden trifft, erkennt er ihn gar nicht als das, was er ist, weil er so sehr an seinen Vorurteilen hängt:

„Du bist nicht Gwydion!" schrie er. „Ich habe von ihm gehört. Er ist ein großer Kriegsherr, ein Held! ..."

Taran starrte ungläubig auf das schlichte Gewand und das abgezehrte, faltige Gesicht. Dallben hatte ihm von diesem ruhmreichen Helden erzählt. Was er sich alles vorgestellt hatte – Taran biß sich auf die Lippen.

Gwydion fing seinen enttäuschten Blick auf.

„Nicht die Zierde macht den Prinzen", sagte er sanft, „ebenso wenig wie das Schwert den Krieger macht."

An diesem Punkt seiner Entwicklung schätzt Taran die Etikettierung der Dinge mehr als die Dinge selbst, und er hat für diese Etikettierung (Held, Sieg usw.) noch nicht einmal das passende Gegenstück im Reich des Realen gefunden. Bei dieser Art von Helden wird der Wert gewissermaßen von der Welt abstrahiert und in die Welt der Ideen investiert: Die Qualität der Bewertung durchläuft in diesem Prozeß einen Wandel von Freude und Liebe zu einer Angelegenheit von „Wichtigkeit", „Größe" und all den Gefühlen, die die Bewunderung mit sich bringt – Stolz, Ehre und Macht. Das ist genau der Zustand, von dem Saint-Exupéry spricht, wenn er sich auf die „Erwachsenen" bezieht:

> Erwachsene lieben *Zahlen*. Wenn du ihnen erzählst, daß du einen neuen Freund gewonnen hast, fragen sie nie nach den wesentlichen Dingen. Sie fragen nie: „Wie klingt seine Stimme?" „Welche Spiele mag er am liebsten?" „Sammelt er Schmetterlinge?" Statt dessen fragen sie: „Wie alt ist er? Wie viele Brüder hat er? Wie schwer ist er? Wieviel Geld verdient sein Vater?" Nur aus diesen *Zahlen* meinen sie, etwas über ihn herausgefunden zu haben.

„Zahlen", „Worte" und „Namen" drücken alle das Wesen geistiger Bilder aus, die im Grunde als eine Landkarte des Universums dienen sollen, zuweilen aber bloß zu seinem Bildschirm geraten. Daher ist die Übertragung von Werten in

Zahlen zwar verständlich (weil diese positive und negative Vorzeichen haben), die Qualität läßt sich jedoch nicht durch die Quantität definieren.

Die zwei Qualitäten in den drei Bereichen der Dichtung

Auf den vorangehenden Seiten habe ich auf folgende miteinander verbundene Unterscheidungen hingewiesen:

mythische Qualität	gegen	Realismus
Ferne	gegen	Wirklichkeit
Verborgenheit	gegen	Gegebenheit
unbefriedigtes Streben	gegen	Freude am Gegebenen
Spannung	gegen	gemächliches Tempo
Bedeutung des Inhalts	gegen	Bedeutung v. Umfeld u. Figuren
aktive Haltung	gegen	kontemplative Haltung
Abenteuer	gegen	Bequemlichkeit
Liebe zum Ideal	gegen	Liebe zur Schönheit

Diese lassen sich wiederum mit einer Unterscheidung in Verbindung bringen, auf die Aristoteles in seiner *Poetik* hinweist, und die Nortrop Frye in seiner „Theorie der Modi", d. h. der Aussageformen, aufgreift.

Aristoteles meint, daß in einigen Dichtungen die Figuren besser seien als wir, in anderen schlechter oder auf der gleichen Ebene. Mit gut und böse denkt er – wie Frye aufzeigt – nicht an ein enges, moralistisches Literaturkonzept, denn die Begriffe, die er für gut und böse verwendet – *spoudaios* und *phaulos* – bedeuten im übertragenen Sinn schwer und leicht. Wo der Held in einer Geschichte „besser" ist als wir, erhält er in diesem Sinn mehr Gewicht und rückt so näher an Gott. Am anderen Ende der Skala steht ein gewöhlicher Mensch, vielleicht sogar eine weniger als durchschnittliche Figur, deren Handlungen eine Art von Erstarrung, Frustration und Absurdität vermitteln.

Auf der Basis dieser Unterscheidung entwickelte Frye ein Schema dichterischer Modi in fünf Gruppen:

> Ist der Held „in seinem *Wesen* anderen Menschen und seiner Umgebung überlegen, so ist er ein göttliches Wesen, und die Geschichte über ihn ist ein *Mythos* im generellen Sinne einer Geschichte über einen Gott."
>
> „... Ist der Held anderen Menschen und seiner Umgebung *graduell* überlegen, so ist er der typische Held einer *Romanze*, der Hervorragendes leistet, seinem Wesen nach jedoch ein Mensch ist. Der Held einer Romanze bewegt sich in einer Welt, in der die üblichen Naturgesetze leicht aufgehoben sind ..."
>
> „... Hier gelangen wir vom Mythos im eigentlichen Sinn zu Legenden, Sagen und *Märchen* ..."
>
> „Ist der Held anderen Menschen zwar graduell überlegen, jedoch nicht in bezug auf seine natürliche Umgebung, so ist er ein Anführer. Seine Autorität, seine Leidenschaft und seine Ausdruckskraft sind wesentlich größer als un-

sere. Was er tut, unterliegt jedoch sowohl der gesellschaftlichen Kritik als auch den Naturgesetzen. Dies ist der Held des *hoch mimetischen* Modus der meisten Epen und Tragödien ..."

„... Ist der Held weder anderen Menschen noch seiner Umgebung überlegen, so ist er einer von uns."

„... Das macht ihn zu einem Helden des *niedrigen mimetischen* Modus, das heißt der meisten Komödien und realistischen Romane."

„Ist der Held uns in seinen Kräften oder seiner Intelligenz unterlegen ..., so gehört er dem *ironischen* Modus an."

Frye sieht die Polarität, in der sich die Skala der oben angeführten Modi bewegt, als größere oder geringere „Handlungskraft" des Helden. Meiner Ansicht nach können wir diese Polarität allerdings auch unter genau den verschiedenen Aspekten betrachten, die auf den vorangegangenen Seiten untersucht wurden: zwischen Symbol und Wirklichkeit, zwischen Abstraktion und der Komplexität des Gegebenen.

In der mythischen Formulierung läßt sich Bedeutung auf die gleiche Art und Weise erzielen wie in mathematischen Abstraktionen, und zwar indem man das Wesentliche aus dem Unwesentlichen herausfiltert, wodurch ein allgemein gültiges Gesetz oder eine Eigenschaft der Realität zutage tritt. Mythische Wesen tauchen in der realen Welt ebenso wenig auf wie perfekte Kreise oder gerade Linien außerhalb der Mathematik. Die größere „Handlungskraft“ des mythischen Helden resultiert aus dem Versetzen der realen Ereignisse in eine erfundene oder sogar ideale Welt. Am anderen Ende der literarischen Formen wird Bedeutung durch Bedeutungslosigkeit abgeschwächt, weil der Archetypus, sobald man ihn verkörpert, keine vollkommene Ausdrucksform mehr findet. So wie das physikalische Gesetz, nach dem alle Gegenstände mit derselben Geschwindigkeit zur Erde fallen, nur im Vakuum gilt, weil es bereits durch den Luftwiderstand verändert wird, so wird auch die Bedeutung des Mythos durch den „Widerstand“ der Materie, des Lebens und der konkreten Existenz gewandelt.

Konkrete Objekte bilden jedoch keine *Ausnahme* zu den mathematischen Gesetzen. Solche Gesetze verbergen sich im konkreten Ausdruck bloß hinter der Vielfalt ihres Erscheinungsbildes. Ebenso verbergen sich physikalische Gesetze in der physikalischen Realität aufgrund der Vielfalt realer Situationen. Nur unter Laborbedingungen läßt sich die Wirkung eines einzigen Gesetzes isoliert betrachten. Normalerweise fallen mehrere Gesetze in einem Einzelereignis zusammen und sind durch dieses Zusammentreffen weniger klar zu erkennen – wie auch die sieben Farben als solche verschwinden und weißes Licht ergeben, sobald sie aufeinander treffen. Da die einzelnen Farben innerhalb des Weiß weiter bestehen, existieren auch alle Gesetze im Konkreten wie im Abstrakten – aber eben verborgen hinter der Gleichzeitigkeit ihres Auftretens. Auf diese Art und Weise ist auch das „gewöhnliche menschliche Wesen“ nicht weniger mythisch als der Gott – aber es ist eben ein maskierter Gott. Ein maskierter Gott deshalb, weil er *all* die gegensätzlichen Götter und Teufel zur gleichen Zeit in sich trägt.

Weil wir nicht erfahren genug sind, das Mythische im Wirklichen zu erkennen, brauchen wir Mythologien ebenso, wie wir auch naturwissenschaftliche Abstraktionen als Abkürzung zum Verständnis der physikalischen Realität brauchen. Für den, der jedoch die Anwendung der großen Gesetze in den Einzelheiten des Lebens zu erkennen vermag, wird *alles* zum Symbol. Er muß sich keine Symbole mehr schaffen, um eine Bedeutung zu bilden, die das Gegebene als Schnittpunkt aller möglichen Bedeutungen und aller Mythen wahrnehmen kann. Schriftsteller wie Shakespeare oder Proust schaffen keine Symbole: sie schaffen das Leben – oder bilden es nach. In der gleichen Weise sind auch die Autoren der patriarchalen oder matriarchalen Typen von Kinderliteratur entweder vornehmlich Mythen-Macher oder Schöpfer des Lebens: Schöpfer von Figuren und Umfeldern, die ihre eigene Existenz genau so rechtfertigen, wie die Realität selbst es tut.

Abgesehen von der Unterscheidung zwischen mythischen und symbolischen Abstraktionen und der realistischen Normalität im Wesen der Figuren beziehen sich die von Frye herausgearbeiteten literarischen Modi – wie aus dem obigen Zitat ersichtlich – auch noch auf *inhaltliche Typen*, die er als Tragödie und Komödie bezeichnet. Die Tragödie wird üblicherweise mit dem heldenhaften Genre assoziiert, während in der Komödie zumeist gewöhnliche oder sogar unterdurchschnittliche Figuren anzutreffen sind. Was den Unterschied zwischen Tragödie und Komödie jedoch tatsächlich definiert, ist nicht das Ausmaß an Mythologisierung oder Erhöhung der Realität ins Außergewöhnliche, sondern das *Schicksal* der Figuren. In der Tragödie erlebt der Held Leid und Tod, während ihm die Komödie ein glückliches Ende beschert.

Die tragisch-komische Dimension des Inhalts und die mythisch-gewöhnliche Dimension der Figuren treten zwar häufig gleichzeitig auf, dies ist jedoch nicht notwendigerweise der Fall. Frye zeigt überzeugend auf, daß sowohl Tragödie als auch Komödie auf beiden „Ebenen" und in beiden „Modi" auftreten können.

Auf der mythologischen Ebene wird die Tragödie zum dionysischen Thema des sterbenden Gottes – dem Thema der Passion. Auf der niedrigsten Stufe ist es das Thema von sozialer Ungerechtigkeit oder Unglück. Die Komödie entspricht auf der mythischen Ebene dem apollinischen Thema eines Helden, der von den Göttern akzeptiert wird – oder, in christlichen Worten, das Thema der Erlösung wie in Dantes *Commedia*. Am anderen Ende ist es der Triumph der Gesellschaft über den Schurken – wie etwa in einer Detektivgeschichte.

Bei den beiden hier besprochenen Arten von Kinderbüchern werden die Bereiche von Inhalt und Modus genau umgekehrt wie in der klassischen Version verwendet. Die Bücher des patriarchal-mythischen Typus bauen auf dem traditionellen Muster der Komödie auf: dem Triumph des Helden und der Niederlage des Bösen. Tolkien bemerkte die Konstanz solcher glücklicher Ausgänge von Märchen, und er schlug sogar einen Namen dafür vor:

> Der „Trost“ solcher Märchen zeigt jedoch einen anderen Aspekt als die imaginäre Befriedigung alter Sehnsüchte. Wesentlich wichtiger ist der Trost des glücklichen Ausgangs. Ich wage zu sagen, daß alle Märchen ohne Ausnahme einen solchen haben müssen. Wenigstens würde ich behaupten, daß die Tragödie die wahre Form des Dramas in ihrer höchsten Funktion ist. Für Märchen gilt jedoch das Gegenteil. Da wir keinen Ausdruck für dieses Gegenteil zu kennen scheinen, werde ich es Eukatastrophe nennen. Die eukatastrophe Geschichte ist die wahre Form des Märchens in ihrer höchsten Funktion.
>
> (aus *Das Tolkien Lesebuch* von J. R. R. Tolkien)

Im Gegensatz zu dieser Art von Inhalt enden die „matriarchalen“, realistischen und sanften Bücher mit einer für sie typischen Traurigkeit. Da ihr Inhalt bisher von ununterbrochener Freude erfüllt war, kann am Ende nur die süße Trauer über das Ende stehen. Wie wir sehen werden, ist es für die Hauptfigur dieser Geschichten typisch, daß sie geht, stirbt oder in ihre Heimat zurückkehrt und dabei vermißt und betrauert wird – das Muster der Tragödie.

Die Polarität zwischen dem mythischen und dem wahrscheinlichen oder realistischen Modus wird üblicherweise nicht nur mit Tragödie und Komödie assoziiert, sondern auch mit der Polarität zwischen einer bewundernden und einer ironischen Gefühlshaltung. Die Begriffe „besser“ und „schlechter“, größere und geringere Macht etc. weisen in ihrer Anwendung auf die Figuren des Mythos oder des realen Lebens bereits auf eine Verwechslung zwischen den beiden Polaritäten hin. Dies zeigt sich auch im Begriff „ironisch“, den Frye für jenen Modus verwendet, in dem der Held unterdurchschnittliche Kraft, Fähigkeiten oder Ansehen hat.

Am deutlichsten wird die Tatsache, daß der Gegensatz zwischen Mythos und Naturalismus nicht unbedingt eine Polarität zwischen Bewunderung gegen Kritik einschließt, an den beiden hier untersuchten Arten von Kinderliteratur sichtbar. Wie bereits die Dimension des Tragisch-Komischen wird hier auch die Dimension des Bewundernd-Kritischen umgekehrt.

Der „Held“ des matriarchalen Buchtyps ist – wie ich im folgenden Kapitel zeigen möchte – typischerweise nicht heldenhaft. Dennoch ist er gleichzeitig mehr als heldenhaft – nämlich göttlich. Charakteristischerweise handelt es sich dabei um ein Kind oder ein Tier. Nach konventionellen Maßstäben ist er weniger als ein Erwachsener, und im Falle eines Tieres sogar weniger als ein Mensch. Die Botschaft dieser Bücher liegt jedoch in der Erhöhung des Kleinen sowie in der Rechtfertigung des „Unbedeutenden“ beziehungsweise dessen, auf das wir möglicherweise herabsehen könnten.

In den patriarchalen Büchern wird der Held dagegen von allen Autoren weit weniger verherrlicht als das Kind im anderen Typus. Wie ich versuchen werde zu zeigen, muß sich der Held im wesentlichen vervollkommnen, und der Autor zeigt uns, wie er aus seinen Fehlern lernt. Anders als der matriarchale Nicht-Held, den der Autor als Abbild des Vollkommenen präsentiert, wird der Held der Märchenwelt von seinem Schöpfer als jemand gezeigt, der aus seinen Abenteuern noch viel lernen muß.

Fassen wir diese Beobachtungen über unsere beiden Buchtypen in den drei literarischen Dimensionen zusammen, so kommen wir zu folgendem Schluß: das patriarchale Buch ist eine mythische, kritische Komödie; das matriarchale Buch ist eine relativ realistische und entschuldigend-wohlmeinende Tragödie.

Thematische Unterschiede

Das göttliche Kind

Form und Inhalt lassen sich nur auf einer künstlichen Ebene getrennt betrachten. Deshalb habe ich die Hauptfiguren der patriarchalen Werke schon bisher als „Helden“ bezeichnet. Für die Hauptfiguren des anderen Typus von Geschichte habe ich noch keinen Namen genannt – ich werde diese als *göttliches Kind* bezeichnen und damit ein Konzept vorstellen, das in den Büchern möglicherweise nicht immer offen zutage tritt, meiner Ansicht nach aber doch Teil ihres Wesens ist.

Während die Bücher des heldenhaften Typs – wie wir gesehen haben – eine mythische und übernatürliche Qualität besitzen, so daß das Wort „göttlich“ (oder sein Gegenteil „dämonisch“) viele ihrer Figuren und Handlungen im wahrsten Sinn des Wortes passend beschreibt, lassen sich in den Werken der matriarchalen Komponente keine Spuren einer übernatürlichen Ordnung finden, die sich vom Natürlichen unterscheidet oder darüber hinaus geht. Auch wenn das „Darüber-Hinaus“ nicht in der Erfahrung oder der Haltung des Autors selbst liegt, können wir jedoch von einem inneren „Darüber-Hinaus“ sprechen, das heißt, von einer göttlichen Qualität in der natürlichen Welt selbst, die nicht von ihr getrennt ist. Theologisch ausgedrückt läßt sich sagen, daß die zweite Kategorie eine immanente Göttlichkeit zeigt, während der Typus der Legende eine transzendente Göttlichkeit betont. Aus den Manifestationen dieser transzendenten Ordnung baut sich im wesentlichen die Reise des Helden auf, jedoch nicht das Leben der gewöhnlichen Leute. Jenseits der rein beschreibenden Ebene ließe sich sagen, daß beide Buchtypen die gleiche Botschaft vermitteln – die Berührung mit dem Göttlichen, den Sinn für die Tiefe des Lebens, den Hinweis auf innere Werte. Während uns die Werke des heldenhaften Typus jedoch *aus dem Gewöhnlichen heraus in das Außergewöhnliche* führen, das heißt, aus der menschlichen Realität in das Übernatürliche, zeigen uns die Werke, die wir hier diskutieren wollen, *das Außergewöhnliche im Gewöhnlichen*, das Übernatürliche im Natürlichen, das Göttliche, das im Menschen inkarniert und ihm innewohnt. In dem Ausmaß, in dem man das Leben so betrachtet, daß Gott und Mensch nicht unterschieden werden, verliert das Wort Gott seine Bedeutung (wie etwa in den nicht-theistischen Religionen des Ostens, im Buddhismus und im Taoismus). Hier werden im Menschen jene unzähligen Qualitäten gesehen, die ein dualistischer Standpunkt dem Göttlichen zuschreibt. Werden diese Bücher aus einer solchen Lebenshaltung und -erfahrung heraus geschrieben, so lassen sich die inneren (ästhetischen, menschlichen und religiösen) Werte, die bei den Helden erst in mythischer Ferne zutage treten, hier schon bei Wesen und Dingen dieser Welt erkennen. Wenn wir also sagen, daß die Hauptfigur der matriarchalen Werke ein Kind oder ein kindlichens Wesen mit Eigenschaften ist, die ein göttliches Wesen nahelegen, müssen wir uns vor Augen halten, daß für diese Autoren der Begriff „göttliches Wesen" eine etwas andere Bedeutung hat. Bevor wir damit fortfahren, wollen wir jedoch einige Beispiele ansehen.

Marcel Druon erzählt, daß die Taufpaten Tistou bald nach seiner Geburt taufen ließen und dem Priester sagten, daß er Jean-Baptiste heißen solle. Das Baby protestierte, doch „wie alle Erwachsenen, die nie die Protestschreie von Babies verstehen und bei ihren vorgefaßten Meinungen bleiben, bestanden seine Taufpaten darauf, daß er Jean-Baptiste heißen solle." Dennoch passierte etwas Seltsames. Die Erwachsenen fanden bald heraus, daß sie den Jungen nicht bei dem Namen rufen konnten, den sie ihm selbst gegeben hatten, sondern sie ertappten sich dabei, daß sie ihn Tistou nannten. „Das", meint der Autor,

„beweist uns nur, daß vorgefaßte Meinungen schlechte Meinungen sind und daß *Erwachsene ebenso wenig wissen, wie wir heißen*, wie sie wissen, woher wir kommen, wo wir in dieser Welt stehen und was wir hier sollen – auch wenn sie immer behaupten, es zu wissen.“

Bereits auf der zweiten Seite des Buches kündigt der Autor sein Thema an – den Konflikt zwischen der inneren Weisheit des Kindes und der vorgefaßten Ignoranz der Welt der Erwachsenen. Während vom patriarchalen Standpunkt aus Weisheit das Ergebnis von Erfahrung und eine Frage des Alters ist (d. h. der „weise, alte Mann“), ist Weisheit aus matriarchaler Sicht ein inhärenter Teil jedes Wesens und muß daher nicht erst erworben werden; sie ist im Kind in reiner Form angelegt und wird dann vergessen.

Deshalb weiß Tistou besser als die Erwachsenen, seine Leser, „warum wir in der Welt sind und was wir mit ihr anfangen sollen.“ Außerdem deutet der Hinweis „woher wir kommen“ darauf hin, daß der Autor auf eine Bedeutung jenseits des biologischen Prozesses der Zeugung verweist:

„Wenn wir nur deshalb in dieser Welt sind, um erwachsen zu werden“, fährt Druon fort, „so nehmen unsere Köpfe, wenn sie größer werden, sehr leicht vorgefaßte Meinungen auf, und diese Meinungen, die ja schon seit langer Zeit gemacht werden, kann man dann in Büchern finden. Wenn wir also lesen oder Menschen zuhören, die viel gelesen haben, können wir sehr leicht genauso erwachsen werden wie alle anderen. Wenn wir aber mit einer bestimmten Aufgabe in diese Welt kommen, wenn wir einige ganz persönliche Ziele erreichen sollen, dann liegen die Dinge nicht ganz so einfach.“

Wir wissen also schon am Beginn des Buches, daß Tistou *in die Welt gesandt wurde* und daß er eine *besondere Aufgabe hat*. Ganz am Ende des Buches, in der letzten Zeile eines Kapitels mit dem Titel „Worin wir schließlich herausfinden, wer Tistou war“ erkennen wir, daß Tistou ein *Engel* war.

Erfahren wir zu Beginn des Buches, wie Tistou *in die Welt* gesandt wurde, so erleben wir am Ende, wie er sie verließ – indem er nämlich auf einer Leiter ohne Ende in den Himmel kletterte, bis er „in dieser geheimnisvollen Welt verschwand, von der selbst Leute, die Bücher schreiben, nichts wissen“. Die ganze Geschichte handelt also davon, wie ein in sich vollkommenes Wesen *durch die Welt wandelt*, so wie Christus in einer gnostischen Vision in eine Finsternis ohne Licht hinabsteigt, aus der er nach seiner Kreuzigung aufersteht.

Der Kreislauf von Tistous Inkarnation und Wiederkehr findet sich praktisch deckungsgleich im Werk von Druons Kollegen Saint Exupéry wieder.

Der kleine Prinz kam vom Himmel, und das Ende des Buches erzählt von seiner Rückkehr auf seinen Heimatplaneten. Wie Tistou unterscheidet er sich von den Bewohnern dieser Erde durch seine beispielhafte und eigenartige Reinheit und Weisheit, in der auch die Botschaft des Buches liegt:

> „... Der herrlich erleuchtete Schnellzug erschütterte das Häuschen des Rangierers, als er mit Donnerkrachen vorbeieilte.
>
> „Sie sind in großer Eile“, sagte der kleine Prinz. „*Wonach suchen sie?*“
>
> „Das weiß nicht einmal der Zugführer“, sagte der Rangierer.
>
> Da donnerte der zweite herrlich erleuchtete Schnellzug in die andere Richtung vorbei.
>
> „Kommen sie schon wieder zurück?“ fragte der kleine Prinz.

„Das sind nicht dieselben“, sagte der Rangierer. „Das ist ein anderer Zug. Die Leute sind nicht zufrieden damit, wo sie sind.“

Sie hörten den krachenden Donner eines dritten herrlich erleuchteten Schnellzugs.

„Verfolgen die die ersten Reisenden?“ fragte der kleine Prinz.

„Sie verfolgen gar niemanden“, sagte der Rangierer. „*Sie schlafen* da drinnen, und wenn sie nicht schlafen, dann gähnen sie. *Nur die Kinder* drücken ihre Nasen gegen die Fensterscheiben.“

Das Kind ist dasjenige, das sich aktiv für die Realität interessiert. Die Erwachsenen sind sowohl in *Der kleine Prinz* als auch in *Tistou* so sehr damit beschäftigt, wichtig zu sein, daß sie gar nicht mehr wissen, was tatsächlich wichtig *ist*: „Es ist die Zeit, die du für deine Rose verschwendet hast, die deine Rose so wichtig macht."

Während die Geschichte von Tistou oder die des kleinen Prinzen von einem Wesen handelt, das von weit her kommt und sein Leben hier verbringt, beginnt die Reise der typischen Heldengeschichten *hier*, wird aber in einer fernen Welt fortgesetzt. Bei seiner Rückkehr verläßt das göttliche Kind diese Welt wie der verlorene Sohn, während der Held als ein Anführer der Menschen wiederkehrt. Das göttliche Kind hat das Wissen über seinen Ursprung und seinen Lebenssinn nie verloren. Der Held ist ein Gefallener, der von der Welt verschlungen wurde, aber immer noch die Sehnsucht in sich spürt, die Verbindung mit seinem tieferen Wesen wieder herzustellen. Seine Suche ist seine „Wiederkehr", und seine Wiederkehr in die Welt gleicht einer Wiedergeburt.

Jenes Motiv für das *In-die-Welt-Kommen*, das sich am natürlichsten durch das Kind ausdrücken läßt, wird in Jarrells Buch nicht nur durch den Jungen vermittelt, sondern auch durch die Nixe, die aus dem Ozean kommt – aus einer Welt, in der es keine Unterscheidungen gibt:

„Das Land ist neu."
Der Jäger blickte sie erstaunt an.

Sie sagte rasch: „*Sie* sagen, alles Gute kommt aus dem Meer. Aber das Land ist neu. Das Land ist ..."

An dieser Stelle verwendete sie eines ihrer eigenen Worte und fragte dann ungeduldig: „Du hast Beine, ich habe keine Beine. Der Mond ist weiß, der Himmel ist dunkel. Was ist das?"

„Anders?"

„Anders! Anders! Das Land ist anders!"

Der Ozean ist das Reich der Gleichheit:

„Wenn es stürmt, so ist der Sturm für die Leute nicht wirklich, egal wie heftig er ist – schwimme ein paar Meter tiefer hinunter, und die See ist ganz ruhig. Da unten ist es immer ruhig.

Alles kommt aus dem Ozean und kehrt wieder in ihn zurück. Da unten im Meer findest du alles. Die Schiffe segeln eine Zeitlang darüber hinweg, aber am Ende sinken sie doch – am Ende kommt alles zu uns."

Die Meeresbewohner meinen, alles Gute komme aus dem Meer, und halten das Vordringen der Nixe aufs Land für einen Fehler. Die Nixe steht jedoch wie das göttliche Kind zwischen den Welten. Da sie die Gleichheit kennt, genießt sie die Unterschiede mit demselben Vergnügen wie die Kinder, die in Saint-Exupérys Beispiel „die Nasen gegen die Fenster drücken". Was den Meeresbewohnern wie der Übergang in etwas Schlechteres (wie ein „Fall" oder „Abstieg") erscheint, erleben wir mit den Augen der Nixe als das Wunder der Inkarnation, als das *Geschenk des Lebens*. Denn die Nixe *kommt nicht nur in die Welt und muß die menschliche Sprache lernen wie ein Kind*, sie kann auch alles in dieser Welt mit Staunen sehen, was nur dem möglich ist, der auch die Alternative des Nicht-Seins kennt. Der Held strebt nach Vollkommenheit und leidet, wenn er in seiner Abenteuerlust gebremst wird. Die Nixe, die auch mit dem Nichts und der Gleichheit zufrieden ist, kann von den Meeresbewohnern sagen: „Sie wissen nicht, wie es ist, sich zu langweilen und unglücklich zu sein." Fehler zu machen gehört nicht zu ihrem Wesen, aber eben weil dem so ist, kann sie sie genießen: „Wann immer *etwas* schief ging, lachte sie und fand es lustig."

Aus den oben angeführten Beispielen und Überlegungen wird deutlich, daß das Kind nicht zufällig die Hauptfigur der hier untersuchten Bücher ist. Es ist auch nicht ein bloßes Formelement, um Kinder als Leser zu interessieren. Die Achse dieser Bücher wird deshalb von einem Kind gebildet, weil ein Kind bestimmte Qualitäten am besten ausdrückt.* Es gibt jedoch auch andere Bilder, die einige dieser kindlichen Qualitäten vermitteln – Bilder, die dann klarer werden, wenn wir unsere Aufmerksamkeit auf die Kindlichkeit selbst richten.

Einen Aspekt von Kindlichkeit haben wir bereits berührt – ein inneres In-Ordnung-Sein, eine natürliche Weisheit, einen ungehobenen Schatz, der in die Welt gebracht und nicht ihr abgerungen wird, eine Qualität von Aufmerksamkeit und Dasein, die das Geburtsrecht des Menschen ist, die er aber oft verliert. Welche Werte sich auch immer in dem Kind zeigen mögen, es sind immer Werte, die untrennbar mit unserem Wesen verbunden sind – die Werte unserer ursprünglichen Natur. „Kindlichkeit" bezeichnet den unverzerrten Ausdruck, die unverschleierte Manifestation all dieser Qualitäten.

---

* Dafür gibt es jedoch Ausnahmen. Unter den vier Beispielen dieses Typs bilden Charlotte, die Spinne und die Nixe die Ausnahme. Ein anderes Beispiel (das hier nicht untersucht wird) ist Mary Poppins (von P.L. Travers). Mary Poppins, die eine Erwachsene ist, verkörpert das *Motiv* von Ankunft und Abreise des göttlichen Kindes, indem sie die Szene wie aus einer geheimnisvollen Welt betritt und sie so entschieden verläßt, daß dies Trauer erzeugt. Sie sucht nicht wie der Held, sondern ist einfach. Sie reist nicht in ein magisches Königreich, sondern scheint von dort zu kommen.

Das Kind steht also für etwas, das dem Menschen als *Ursprung* innewohnt, sein Fundament, sein innerstes *Sein*, eine Essenz, die von der Kultur überlagert wird. Die kindliche Haltung vertraut ihrem eigenen Wesen, vertraut darauf, daß das Leben grundsätzlich in Ordnung ist, anstatt zu meinen, das Leben laufe falsch und müsse durch Anstrengung wieder in Ordnung gebracht werden – wie es der Standpunkt des Helden ist.

In der Wertigkeit des unverzerrten Wesens, der ursprünglichen Weisheit, des Vertrauens in die Wege des Universums und der Spontaneität kommt das Tier dem Kind am nächsten – und tatsächlich sind Tiere in diesen kinder-zentrierten Büchern besonders wichtig. In *Die Tierfamilie* wird dies schon aus dem Titel ersichtlich. Der Lehrer des kleinen Prinzen ist ein Fuchs und sein einziger Helfer eine Schlange. Tistous einzige Freunde sind Tiere (abgesehen vom Gärtner, der seinerseits jedoch nur mit Pflanzen spricht). Alle unsere Kind-Figuren verstehen die Sprache der Tiere (oder – wie im Fall der Nixe – die der Meeresbewohner) und stehen ihnen nahe. Die Bedeutung dessen geht aus dem Kontext klar hervor und erklärt das häufige Motiv des „Verstehens der Sprache der Tiere" oder der Sprache aller Wesen in Legenden und Märchen.

Das Kind in unseren Geschichten kann die Sprache verstehen, weil es mit dem Tier in sich selbst eins ist. Es ist dem Kern seiner eigenen biologischen Natur nicht entfremdet. Das Kind ist wie das Tier ein Geschöpf der Natur, ein unheldenhaftes Geschöpf, das fühlt, Wärme braucht, liebt und an seiner Umgebung interessiert ist. Es ist auch insofern ein Geschöpf der Natur, als es selbst Natur *ist*; seine Handlungen sind die der Natur, die durch es hindurch wirkt; es gibt in seiner Haltung seinen Impulsen vertrauensvoll nach, anstatt sich selbst in die asketische Disziplin des Helden zu zwängen und zu versuchen, die „Schwächen" der Natur und seine persönlichen Bedürfnisse zu überwinden.

Von den drei Hauptfiguren aus *Wilbur und Charlotte* ist eine ein Mädchen (das die Sprache der Tiere verstehen kann), eine ein Schwein und die dritte eine Spinne namens Charlotte, nach der das Buch benannt ist. Diese Spinne hängt von ihrem Netz über dem Platz herunter, wo Wilbur, das Schwein, liegt. Durch die ganze Geschichte hindurch erleben wir sie in Rollen, die nahelegen, daß sie und das Schwein wie das höhere und das niedrige Selbst eines einzigen Wesens sind – eine intellektuelle und eine fleischliche Funktion, aus deren Zusammenspiel sich die Geschichte aufbaut.

Als sie sich Wilbur vorstellt, zeigt Charlotte ihm, daß sie eine Fleischfresserin ist. Sie ißt Fleisch, und Wilbur weiß, daß er Fleisch *ist* und damit rechnen muß, gefressen zu werden, wenn nicht ein Wunder geschieht. Das Buch handelt von diesem „Wunder" – der naturgegebenen, gewöhnlichen Magie der Spinne. Wilburs Kindlichkeit kommt aus seiner biologischen Kreatur, die ißt, schläft, sich zuweilen einsam fühlt, sich kratzt, wenn etwas juckt, und sich lebendig fühlt. Charlottes Kindlichkeit kommt aus ihrem Vertrauen in die Natur und aus ihrer mühelosen Anmut. Betrachten wir die folgenden Ausschnitte:

> ... Er fühlte sich mit all den Geräuschen wohl und glücklich, denn er liebte das Leben, und er liebte es, an einem Sommerabend ein Teil dieser Welt zu sein. Als er aber so dalag, erinnerte er sich daran, was das alte Schaf ihm erzählt hatte. Er mußte an den Tod denken und zitterte plötzlich vor Angst.
>
> „Charlotte?" fragte er leise.
>
> „Ja, Wilbur?"
>
> „Ich möchte nicht sterben."
>
> „Natürlich möchtest du das nicht", sagte Charlotte mit beruhigender Stimme.
>
> ...
>
> „War es dir ernst damit, als du meintest, du würdest sie davon abhalten, mich zu töten?"
>
> „In meinem ganzen Leben war mir nie etwas ernster. Ich werde dich nicht sterben lassen, Wilbur."
>
> „Wie wirst du mich retten?" fragte Wilbur, dessen Neugier in diesem Punkt sehr groß war.
>
> „Nun", meinte Charlotte vage, „ich weiß es nicht genau, aber ich arbeite an einem Plan."
>
> „Das ist wunderbar", sagte Wilbur. „Wie kommst du zu diesem Plan? Bist du schon sehr weit damit? ..."

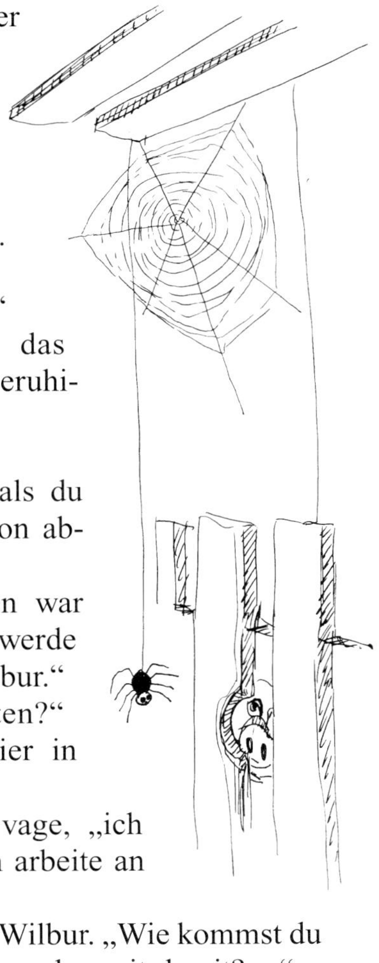

> Wilbur zitterte wiederum, aber Charlotte war sehr ruhig und gefaßt.

Wilbur wollte nur gar zu gerne behilflich sein, doch als er Charlotte fragte, was er tun könne, erhielt er die folgende Antwort:

> „Nun“, anwortete Charlotte, „du mußt versuchen, an dir selbst zu arbeiten. Ich möchte, daß du viel schläfst und aufhörst, dir Sorgen zu machen. *Sei nie in Eile und sorge dich nie!* Kaue dein Essen sorgfältig und iß jedes einzelne Stück. Du mußt nur genug für Templeton übrig lassen. Lege an Gewicht zu und bleibe gesund – so kannst du mich unterstützen.“

Was sie dem Schwein sagt, ist: „Sei einfach du selbst, mache deinen Teil der Arbeit und laß mich meinen machen.“ Wenn wir sie als engelhaft und als den Schöpferaspekt unserer kindlichen Natur betrachten, so lesen wir aus Charlottes Ratschlag heraus, daß wir jede unserer Funktionen nach den ihr innewohnenden Neigungen arbeiten lassen und darauf vertrauen sollen, daß sich alles in der bestmöglichen Weise entwickeln wird.

In einem weiteren Ausschnitt wird diese Haltung sogar noch deutlicher:

> Natürlich war Charlotte geduldig. Aus Erfahrung wußte sie, daß eine Fliege in ihr Netz fliegen würde, wenn sie nur lange genug wartete. Und so war sie auch sicher, daß sie eine Idee haben würde, wenn sie nur lange genug über Wilburs Problem nachdachte.

„Höre auf zu streben“, sagt Tschuang-tse, „und die Veränderung wird folgen.“ Das ist der Weg der Spinne und der des göttlichen Kindes. Es ist ein Weg des Vertrauens und der

Mühelosigkeit, das genaue Gegenteil zum Weg des mühevollen Strebens, den der Held verfolgt. Das chinesische Denken ist von dieser Haltung durchdrungen, die unserem faustischen Westen so fremd ist.

„Sitze einfach da, und der Frühling wird kommen“, sagt ein chinesisches Gedicht. Wir können nichts dazu beitragen, daß der Frühling früher oder später kommt. Können wir überhaupt irgend etwas „tun“, außer das Leben innen und außen fließen zu lassen? Während für die Asiaten der Weg des Nicht-Tuns den höchsten aller Wege darstellt, vertraut der westliche Mensch nicht darauf, daß ohne „sein“ Zutun irgend etwas von Bedeutung zustande kommt oder daß sich die Dinge ohne seine Kontrolle und Einmischung gut entwickeln werden.

Das Streben, das uns von einem wohlwollenden Blickwinkel gesehen als die Suche des Helden erscheint, ist aus der Sicht des göttlichen Kindes die Einmischung der „Erwachsenen“ in die Ordnung der Natur, ein Versuch, das vermeintlich Falsche zu berichtigen, was schließlich den ganzen Prozeß falsch macht.

Ein anderer Aspekt des Kindes in diesen Geschichten liegt in seinem Klein-Sein – *weniger als* ein Erachsener, unentwickelt, oft unterschätzt, von der Welt der Erwachsenen ruhiggestellt oder als naiv, *kindisch*, unbedeutend oder „verrückt“ abgetan. Das göttliche Kind stellt das Göttliche im Kleinen dar, das Göttliche im Unsichtbaren, das höchste Gut hinter der Maske des Für-nichts-Gut, die Weisheit hinter der Maske der Dummheit.

Saint-Exupéry erzählt uns im ersten Kapitel, wie er im Alter von sechs Jahren zwei Zeichnungen anfertigte, die die Erwachsenen nicht wertschätzten. Sie gaben ihm den Rat, sich statt dessen mit Geografie, Geschichte, Mathematik und Grammatik zu beschäftigen. Eine der Zeichnungen stellte eine Boa Constrictor dar, die einen Elefanten verschluckt hatte. Er fand sie bedrohlich, doch die Erwachsenen meinten daraufhin bloß: „Warum sollte sich irgend jemand vor einem Hut fürchten?“

„Erwachsene verstehen nie etwas von selbst, und für Kinder ist es sehr mühsam, ihnen immer alles erklären zu müssen.“ So lebte er sein Leben – wie er uns erzählt – eben alleine, und der erste Mensch, mit dem er wirklich sprach, war der kleine Prinz, der seine Zeichnungen sofort verstand.

Die Antwort „bloß ein Hut“ aus der Welt der Erwachsenen zieht sich wie ein Motiv mit vielen Variationen durch die Seiten des Buches. Als zum Beispiel ein türkischer Astronom bei einem internationalen astronomischen Kongreß seine Entdeckung des Asteroiden B-612 (auf dem der kleine Prinz lebt) vorstellen will, glaubt ihm wegen seines Gewands niemand. Erst nach der türkischen Reform, als das Land die europäische Kleidung annimmt und der Astronom seine Entdeckung erneut vorstellt, akzeptiert jeder seinen Bericht.

Die Weisheit des Kindes, sein unverbildeter Sinn für das Wichtige, seine innere Gerechtigkeit werden als „kindisch“ abgetan. Dies ist mit dem Thema des göttlichen Kindes ebenso untrennbar verbunden wie in der christlichen Passion die Tragödie mit der Göttlichkeit. Die erwachsene Reaktion des „bloß ein Hut“ ist nur ein weiterer Aspekt der Entfremdung des Menschen von den Fähigkeiten, für die diese Werke in der Figur des Kindes eintreten – die staunende Wertschätzung der Welt, die trotz allem „nichts als“ vollkommen ist; das Mit-der-Nase-am-Fenster-Interesse des Kindes in einer gleichgültigen Welt; seine Durchlässigkeit, seine Feinfühligkeit und seine Aufmerksamkeit.

Als Ferns Mutter (in *Wilbur und Charlotte*) hörte, daß sie von „uns" sprach und damit jeden im Keller der Scheune meinte (Wilbur, die Schafe, die Lämmer, die Gans und all die anderen einschließlich der Spinne), war sie alarmiert. Und sie war noch alarmierter, als Fern sich anschickte zu erzählen, wie Charlotte der Gans zu ihren geschlüpften Jungen gratulierte:

> Nachdem sie den Raum verlassen hatte, sprach Mrs. Arable mit leiser Stimme zu ihrem Mann.
> „Ich mache mir Sorgen um Fern", sagte sie. „Hast du gehört, wie sie mit den Tieren umgegangen ist und so tat, als würden sie sprechen?"

Als der Arzt konsultiert wurde, stellte sich jedoch heraus, daß er selbst über genug Kindlichkeit verfügte:

> „Ich bin ein Arzt. Ärzte sollten bekanntlich alles verstehen, aber ich verstehe nicht alles, und ich mache mir darüber auch keine Sorgen."

Seine Weisheit lag im sokratischen Wissen um sein Nicht-Wissen, im östlichen Annehmen des Irrationalen, im Vertrauen des göttlichen Kindes in das Gegebene:

> „Ich habe nie irgend eines von ihnen etwas sagen hören", antwortete er, „aber das beweist gar nichts. Es ist gut möglich, daß ein Tier einmal höchst offiziell gesprochen hat und ich die Bemerkung nicht mitbekam, weil *ich nicht aufpaßte*. Kinder sind viel aufmerksamer als Erwachsene ... Vielleicht würden die Tiere mehr sprechen, wenn die Leute weniger redeten."

Die letzte Bemerkung in obigem Zitat ist für die Lebensphilosophie, die aus dieser Gruppe von Büchern spricht, besonders bezeichnend. „Wenn die Leute weniger redeten“, könnte auch bedeuten, „wenn die Leute der Natur nicht im Weg stünden“. Die passive Sichtweise ist überzeugt, daß sich all das, was wünschenswert ist, schon mühelos entwickeln wird, wenn wir es – wie die geduldige Spinne – einfach *geschehen lassen*, ohne mit unserem kleinen hyperaktiven und kontrollierenden Ego dazwischenzufahren. In gewissem Sinn bedeutet die Kleinheit des Kindes in den Augen der erwachsenen Welt zwar einen Nachteil, andererseits jedoch auch das höchste Gut der Nicht-Einmischung. Die Nicht-Einmischung in das göttliche Schema der Natur ist hinsichtlich des Leben nämlich alles, wonach der Mensch streben kann. Und darin, den großen Gesetzen mit Demut zu begegnen, liegt möglicherweise seine einzige wahre Größe. In seiner anspruchslosen Kleinheit erfüllt das Kind das, was ein Zen-Meister als den Idealzustand des Menschen bezeichnen würde: mit einem leeren Herzen zu leben, so daß es von der Welt erfüllt werden kann.

Nach dem eben Gesagten könnten wir das göttliche Kind auch in göttliche Kleinheit umbenennen. Göttlich sein bedeutet also aus dem Weg sein, die Leere, die allen Dingen ihren Raum läßt, und das, was vom Blickwinkel eines grandiosen und eingebildeten Ego wie ein nichtswürdiges Nichts erscheint. Dieses Fehlen des Erwachsen-Seins mit all seinem plappernden Getue und seiner Geschäftigkeit ist keine negative Leere, sondern genau das Gegenteil, nämlich eine Leere, die das Leben füllt und die doch nie voll wird. Dagegen hat jemand, der voll mit solchem Getue, solchen Versuchen und vorgefaßten Meinungen ist, in seinem Herzen keinen Platz für die Welt und für ihren Abgesandten – das Kind. Im Vergleich zur Kleinheit des Kindes wirkt die Größe des göttlichen Kindes („die letzten werden die ersten sein“) paradox. Dieses Paradoxon zieht sich auf vielen Ebenen durch die Episoden dieser Bücher und drückt sich auch durch andere Ideen als bloß durch Kindlichkeit aus – durch Stille, „unwichtige Gegenstände“, die Bedeutung des Details usw.

Ein Beispiel daür liefert uns Charlotte, die Spinne. Für das Schwein war sie beinahe unsichtbar, und obgleich sie die Menschen beeinflussen konnte, um das Leben des Schweins zu retten, blieb sie doch anonym. Abgesehen davon wurde ihre Macht des Kleinen in der Geschichte durch einen höchst bedeutungsvollen und doch minimalen Akt wirksam – indem sie nämlich in ihr Netz über dem Schweinestall die Worte IRGENDEIN SCHWEIN einwebte. Die Bauern betrachteten das als Wunder, als Zeichen für ein besonderes Schwein – und nicht für eine besondere Spinne:

„Erzählt das niemand anderem", meinte der Pfarrer. „Wir wissen noch nicht, was es bedeutet. Wo ich jetzt allerdings darüber nachdenke ... vielleicht könnte ich es in meiner Predigt erklären und darauf hinweisen, daß die Gemeinde von einem wundersamen Tier besucht wurde."

Die Wirkung von Charlottes Werk verweist thematisch auf die Macht des Kleinen. Die fragilen *Worte* im Netz der Spinne versetzen das ganze Dorf in Aufruhr. Später verwandelt sich das Wort im Netz in „großartig", und wiederum sehen wir, wie *die Idee eine Realität schafft:*

„Lurvy", rief er, „wir werfen keinen Kuhdünger mehr in den Schweinestall. Ich habe ein großartiges Schwein. Ich möchte, daß es dieses Schwein rein hat und jeden Tag neues Stroh für seine Liegestatt bekommt. Verstehst du?"

So vermittelt uns die schiere Unsichtbarkeit der Spinne zusammen mit einer nicht greifbaren Idee, die den Lauf der Ereignisse kontrolliert, eine Macht des Geistes, die all das zu beherrschen vermag, was der Mensch ansonsten als Macht bezeichnet: den Sieg des Ungreifbaren über das Greifbare und den Sieg der Bedeutung über die Materie. In *Tistou mit dem grünen Daumen* ist es der Sieg der Schönheit über die Macht von Wirtschaft und Politik, denn seine versteckte Gabe sorgt für die Verschönerung der Armenviertel und für das Ende eines Krieges. Obwohl man das als reine Metapher sehen könnte, beginnen daran mittlerweile sogar Wirtschaftsexperten zu glauben. Oft sind es die Dinge, die „keine wirtschaftliche Bedeutung" haben, die wirtschaftliche Entwicklungen fördern, während die bloße Verwaltung anerkannter Größen zu Sterilität und Stagnation führen kann.

Der kleine Prinz vermittelt uns das Kleine mittels einer Vielzahl von Bildern, die zumeist der Qualität gegenüber der Quantität, der Absicht gegenüber dem Fakt, Bedeutung und Gefühl gegenüber der äußeren Erscheinung den Vorzug geben:

> „Du bist nicht mächtig. Du hast nicht einmal Füße. Du kannst nicht einmal reisen ... .“
>
> „Ich kann dich weiter mitnehmen, als jedes Schiff es könnte“, sagte die Schlange.
>
> „Er war nur ein Fuchs wie hunderttausend andere Füchse auch. Aber ich habe mich mit ihm angefreundet, und jetzt ist er für mich einzigartig auf der ganzen Welt.“
>
> „Man sieht nur mit dem Herzen gut, was wirklich wichtig ist, bleibt für das Auge unsichtbar.“
>
> „Die Häuser, die Sterne, die Wüste – das, was ihnen ihre Schönheit verleiht, ist unsichtbar ... !“
>
> „Dieses Wasser war tatsächlich ganz anders als gewöhnliche Nahrung. Seine Süße kam vom Gang unter den Sternen, dem Gesang des Flaschenzuges, von der Anstrengung meiner Arme.“ ...
>
> „Die Menschen, bei denen du lebst“, sagte der kleine Prinz, „züchten fünftausend Rosen in einem Garten – und sie finden darin nicht, wonach sie suchen. Und doch könnten sie das, wonach sie suchen, in einer einzigen Rose oder in etwas Wasser finden.“

Nachdem wir das Kind als unversehrte, ursprüngliche Rechtmäßigkeit der Natur und als Macht des Kleinen und des Schwachen besprochen haben, können wir nun einen dritten Aspekt dieses Themas in Betracht ziehen, wodurch diese kind-zentrierten Bücher vorwiegend sanfte Gefühle vermitteln – das Kind als Sender und Empfänger von Liebe.

Zu lieben und liebenswert zu sein liegt im Wesen der unversehrten Rechtmäßigkeit der Natur. Die Kleinheit und Schwäche des Kindes wird von diesen Autoren als Faktor vermehrter Liebenswürdigkeit eingesetzt:

> „Du tust mir so leid – du bist so schwach auf dieser Erde, die so hart ist wie Granit", sagte die Schlange zu dem kleinen Prinzen an seinem ersten Tag auf der Erde.
>
> „Solltest du eines Tages zuviel Heimweh nach deinem Planeten bekommen, so kann ich dir helfen."

Das Geben und Nehmen von Liebe findet sich auch in der Geschichte des kleinen Mädchens Fern und des Schweins Wilbur, die beide die Rolle des Kindes im ersten Kapitel von *Wilbur und Charlotte* teilen:

> „Wo geht Papa mit dieser Axt hin?" beginnt das Buch.
>
> Einige Ferkel waren gerade zur Welt gekommen, und der Bauer wollte dem kleinsten aus dem Wurf den Garaus machen. Es war *sehr klein und schwach* und *würde wohl nie zu etwas Nutze sein*.
>
> „Den Garaus machen?" schrie Fern. „Du meinst, es umbringen? Nur weil es kleiner ist als die anderen?"

Die folgenden beiden Seiten geben Rechenschaft über ihre Fürbitten für das Schwein, während sie versucht, dem Vater die Axt aus der Hand zu reißen: „Aber das ist doch unfair", wiederholte sie. „Das Schwein kann doch nichts dafür, daß es klein ist, oder etwa nicht? Wenn *ich* bei der Geburt klein gewesen wäre, hättest du *mich* dann auch getötet?"

Schließlich setzte sie sich durch, und von da an war es ihre Aufgabe, sich um das Tier zu kümmern und es mit der Flasche zu füttern: „Es gehört dir", sagte Mr. Arable, „vom frühzeitigen Tode errettet – und möge der Herr mir diese *Dummheit* verzeihen."

Ferns Kindlichkeit drückt sich in ihrer Offenheit aus, ihre Freude an dem „Wurf" zu haben, den ihre Eltern beseitigen würden – sich mit dem kleinen Tier zu identifizieren und sich darum zu kümmern: „Schau' ihn doch an! Er ist absolut *vollkommen*!" Wilburs Kindlichkeit drückt sich darin aus, daß er Ferns Zuneigung genießt und sich von ihr bemuttern läßt. „Wilbur *liebte* seine Milch und war nie glücklicher, als wenn Fern die Flasche für ihn wärmte. Dann stand er da und schaute mit *anbetendem* Blick zu ihr auf."

Ich habe „liebte" und „anbetendem" kursiv gedruckt, um zu betonen, daß im Erhalten und im Geben selbst auch jenseits der Wortwahl Liebe und Anbetung liegt. Besteht Ferns Geben darin, sich um das Schwein zu kümmern? Es ist das Geschenk, das sie dank ihrer Beharrlichkeit von ihrem Vater „empfangen" hat. Wir „Erwachsene" haben das Konzept des Gebens und des Erhaltens voneinander getrennt, halten ersteres für nobler und setzen es mit „Liebe" gleich. Die Liebe, für die das Kind in unseren Büchern jedoch steht, ist entweder beides oder keines von beiden, so wie auch das Kind, das von der Mutterbrust trinkt, auch der Mutter einen physiologischen Dienst erweist und ihr Freude beschert. Eine solche Liebe liebt das, was ist, und zwar jenseits von Empfangen und Geben und unabhängig von Gewinn oder Verlust: „Es ist die Zeit, die du für deine Rose verschwendet hast, die deine Rose so wichtig macht."

Das Kind gibt sich unheldenhaft damit zufrieden, von dem zu geben, das gerade zur Hand ist, und befindet sich so mitten im Prozeß. Der Held bereitet sich immer auf die Suche vor, und selbst wenn es zur heldenhaften Tat kommt, gibt er auch nur anscheinend sich selbst, da er aus persönlichem Interesse und Eifer handelt und nicht aus Selbstlosigkeit.

Als der kleine Prinz auf seinem Weg zur Erde bei verschiedenen Planeten anhielt, die von verschiedenen Arten menschlicher Verirrung bewohnt waren (und die er später auf unserem Planeten in großer Zahl vorfand), kam er auch zu einem, auf dem es nur einen Laternenanzünder und eine Straßenlaterne gab. „Möglicherweise ist dieser Mann absurd", sagte er, „aber er ist nicht so absurd wie der König, der eitle Mann, der Geschäftsmann und der Trinker. Denn seine Arbeit hat zumindest irgend einen Sinn. Wenn er die Laterne anzündet, ist es, als würde er einen weiteren Stern zum Leben erwecken oder eine Blume." Später fügt er hinzu: „Trotzdem ist er der einzige von allen, der nicht lächerlich erscheint. Vielleicht deshalb, weil er noch an etwas anderes denkt als an sich selbst."

Diese Qualität des „an etwas anderes denken als an sich selbst" bezeichnen wir nicht nur gemeinhin als Liebe, sondern wir haben es auch als den Zugang des Kindes zur Welt erörtert – das Interesse, mit der es die Nase ans Fenster drückt, sein Staunen, seine Bereitschaft, „Zeit" mit „unwichtigen Dingen" zu verlieren, seine gespitzten Ohren für die Sprache der Tiere, die es aus der eigenen Stille heraus wahrnimmt, sein Vertrauen in das Gute und sein Loslassen. In gewisser Weise *gibt* das Kind nichts *auf*, wenn es gibt, denn es ist selbst ein Nichts, das von der Natur erfüllt wird. Ein Erwachsener, wie er in diesen Büchern beschrieben wird, müßte dagegen sich selbst aufgeben – seine „vorgefaßten Ideen", seine Sorge um „wichtige Dinge", Macht, Ordnung, Reichtum usw. Eine Liebe, die für den Erwachsenen Selbstaufgabe und Hingabe bedeutet, ist für das Kind natürlich und überaus leicht, da es nichts zu opfern hat und da die Hingabe an das Leben seinem ursprünglichsten Wesen entspricht. Wie die Nixe sich fehlerhaft ausdrückte und damit

– wie der Jäger meinte – ihren Worten eine viel tiefere Bedeutung verlieh: „Laß (los) und laß leben."

Der Höhepunkt des Liebesthemas läßt sich als Punkt beschreiben, der ein Motiv aus sich selbst heraus bildet und die Kindergeschichten in einen krassen Gegensatz zu den Heldengeschichten stellt. Es geht hier um die Liebe zum „Ungeliebten" oder zum „nicht Liebenswerten", die Liebe zum Fehlerhaften und Irritierenden, oder wie immer man es von einem anderen Standpunkt als dem der Liebe aus bezeichnen mag.

Ein Aspekt dieses Themas, den wir immer wieder antreffen, ist die Schwäche eines Geschöpfes, die natürlich mit Liebe beantwortet wird. Umgekehrt *ist* Liebe die Liebe zum „Kleinen", das heißt die Liebe zu einem Wesen um seiner selbst Willen, jenseits von Leistung, Nützlichkeit, Fähigkeit und all dem, was seine „Größe" ausmachen könnte. Die „Liebe" des Helden zur Größe ist keine wirkliche Liebe, sondern Bewunderung, Sehnsucht, Selbstzufriedenheit in der Bestärkung seines Ideals. Als aber Fern das kleine Schwein vor der Axt des Vaters rettete (das Schwein, über das der Farmer gesagt hatte: „Ein Schwächling macht nur Schwierigkeiten"), da war es – wie sie es ausdrückte – „eine Frage von Leben und Tod".

Sprechen wir hier also von der Liebe zur Kreatur um ihrer selbst Willen, die die Liebe zu einem Kind oder zu einem Tier so sehr ausmacht, so betreten wir damit bereits den Bereich der Liebe für das Bedürftige, Unvollständige. Auch hier kann es nicht an Liebe fehlen, denn es ist das Leben selbst, das in seinen vielfältigen Ausprägungen geliebt wird. In gewisser Weise läßt sich sagen, daß reine Liebe bedingungslos ist. So war der Jäger einfach glücklich darüber, daß die Nixe mit ihm zusammenlebte, und es war ihm egal, daß sie sich nicht um den Haushalt kümmerte. „Hättest du eine Robbe, die sprechen könnte, würdest du dann von ihr verlangen, daß sie den Boden schrubbt?" fragte er. Er hätte auch einfach sagen können: „Wenn du eine Robbe hättest, die eine Robbe sein könnte ... ."

Er war zufrieden damit, die Nixe als das zu haben, was sie war, anstatt für irgend etwas, das sie tun konnte – so wie auch der kleine Prinz seine zerbrechliche Rose um ihrer selbst Willen liebte.

Was für Mängel, Schwächen und nichtgeleistete Aufgaben gilt, kann auch für wahrscheinlichere Fehler gelten. Während der zweckorientierte Geist einen Fehler nämlich als Hindernis sieht und jede falsche Bewegung als Beeinträchtigung seiner Leistung haßt, kann die zweckfreie Liebe all dessen, was existiert, über Fehler lachen oder sie mit einem Mitgefühl für die Pein der Menschen betrachten, die so hart urteilen müssen. Wenn Jarrell daher betont, daß die Nixe praktisch keine Fehler kannte (was von der inneren Vollkommenheit der Natur zeugt), sondern lachte und sich amüsierte, wenn etwas schiefging, lädt er uns ein zu überlegen, ob es vom Blickwinkel der Natur aus so etwas wie Fehler überhaupt gibt und ob nicht etwa bei dem, was wir als Fehler bezeichnen, die Ereignisse mit dem willkürlichen Verlangen unserer Egos einfach nicht zusammenpassen.

Eine dritte Möglichkeit, eine bedingungslose Liebe auszudrücken, die nicht an Fehler glaubt und sie auch überdauert, liegt in der Fähigkeit, auch tief verwurzelte Persönlichkeitsveränderungen in der Form von Psychopathologien akzeptieren zu können.

Der kleine Prinz tat sich zunächst schwer, seine neurotische Rose zu lieben:

> Sie begann sehr schnell, ihn mit ihrer Eitelkeit zu quälen, mit der es sich, ehrlich gesagt, nur sehr schwer leben ließ. Eines Tages sprach sie über ihre vier Dornen und sagte dabei zum kleinen Prinzen: „Laß' die Tiger mit ihren Pranken kommen!"
>
> „Auf meinem Planeten gibt es keine Tiger", wehrte der kleine Prinz ab. „Und außerdem essen Tiger kein Unkraut."
>
> „Ich bin kein Unkraut", antwortete die Rose süß.
>
> „Bitte entschuldige ... ."
>
> „Ich fürchte mich überhaupt nicht vor Tigern", fuhr sie fort, „aber ich erschrecke sehr vor Zeichnungen. Ich nehme an, du hast wohl keinen Schutzschirm für mich?"

Der kleine Prinz dachte anfangs, sie sei wohl ein sehr kompliziertes Geschöpf, doch bald zweifelte er an ihr und wurde unglücklich. Erst während seines Aufenthalts auf der Erde lernte er mehr über die Liebe, so daß er sagen konnte: „Dieses Gerede über Pranken, das mich so sehr störte, hätte mein Herz bloß mit Zärtlichkeit und Mitleid füllen sollen."

Die Eitelkeit der Rose ist jedoch nicht der größte Mangel in Saint-Exupérys Buch. Es ist vielmehr ganz allgemein die Welt der Erwachsenen, eine vornehmlich männliche Welt der Herrschaft, des Eigentums, des Verlangens nach Ehre und Applaus, die er uns während der ganzen Reise des kleinen Prinzen von Planet zu Planet zeigt. Wenn es einen Gegenspieler zum Kind gibt, so ist es der Erwachsene. Das Gegenspiel ist jedoch einseitig – denn während es die Kindlichkeit in den Werten der Erwachsenen in diesen Büchern gar nicht geben darf, reagiert der kleine Prinz seinerseits auf die verschiedenen Persönlichkeitstypen, die er antrifft, mit einem erstaunten: „Die Erwachsenen sind sehr eigenartig“ oder sogar mit: „Die Erwachsenen sind alle miteinander außergewöhnlich.“

Der Gegensatz zwischen der kindlichen und der erwachsenen Einstellung gegenüber Abweichungen wird im folgenden Ausschnitt aus *Tistou* besonders deutlich. Tistou erhält Privatstunden von Mr. Fathers Manager, Mr. Turnbull:

> „In der heutigen Stunde geht es um *Ordnung* ... Was ist deiner Meinung nach das wichtigste in einer Stadt?“
>
> „Die botanischen Gärten“, sagte Tistou.
>
> „Überhaupt nicht“, antwortete Mr. Turnbull. „Das wichtigste in einer Stadt ist Ordnung. Ohne Ordnung ist eine Stadt, ein Land, eine Gesellschaft nur wie Spreu im Wind und kann nicht bestehen. Ordnung ist wesentlich, und um sie zu erhalten, muß man Unordnung bestrafen.“
>
> „Mr. Turnbull hat sicher recht“, dachte Tistou, „aber warum muß er so laut schreien ...“
>
> „Paß’ auf, Tistou. Was ist Ordnung?“ fragte Turnbull ernst.
>
> „Ordnung? Das ist, wenn man glücklich ist.“
>
> Herr Turnbull sagte „Hm!“ und seine Ohren wurden noch röter, als sie sonst waren.
>
> Bald danach sollte Mr. Turnbull Tistou das Gefängnis zeigen, ein großes, graues Gebäude ohne Fenster, das er als „Monument des Erhalts der Ordnung“ betrachtete.

„Warum haben die Erbauer überall diese schrecklichen Zacken hingetan?“ fragte Tistou. „Wozu sollen die gut sein?“

„Sie hindern die Gefangenen daran zu fliehen.“

„Wenn das Gefängnis nicht so häßlich wäre, hätten sie vielleicht weniger Lust wegzugehen“, sagte Tistou.

...

„Du solltest wissen, daß ein Gefangener ein schlechter Mensch ist.“

„Und deshalb stecken sie ihn da hinein, um ihn von seiner Schlechtigkeit zu heilen, nicht wahr?“ fragte Tistou.

„Sie versuchen es ...“

„Sicher würde er viel schneller lernen, wenn das Gefängnis nicht so häßlich wäre ...“

... durch die Tore sah Tistou Gefangene, die leise und mit gesenktem Kopf im Kreis gingen.

Mit ihren rasierten Köpfen, ihrer gestreiften Kleidung und ihren schweren Stiefeln sahen sie furchtbar unglücklich aus.

„Was machen sie?“

„Das ist ihre Freizeit“, sagte Mr. Turnbull.

„Nun ja“, dachte Tistou, „Wenn das ihre Freizeit ist, wie müssen erst ihre Schulstunden sein! Dieses Gefängnis ist wirklich sehr bedrückend.“

Ihm war nach Weinen zumute, und er schwieg den ganzen Weg nach Hause.

Der Gegensatz zwischen dem Mitgefühl des göttlichen Kindes und der rachsüchtigen und autoritären Aggression des Durchschnittsmenschen ist ein weiterer Ausdruck für den Gegensatz zwischen der patriarchalen und der matriarchalen Geisteshaltung. Erstere korrigiert und erwartet Entwicklung, Fortschritt oder Tugend als Ergebnis einer äußeren Anstrengung.

Letztere vertraut der selbst-korrigierenden Tendenz der Natur und der inneren Tugend des Menschen. Sie denkt nicht an Korrektur, sondern an Hilfe, und diese Hilfe wird wiederum als die Wiederherstellung eines natürlichen Zustands und als bloße Erfüllung gewöhnlicher Bedürfnisse verstanden.

Tistous Hilfe kommt von seinem „grünen Daumen", einem wundersamen und geheimen Finger, der Pflanzen von einem Tag auf den anderen wachsen läßt, wo immer er ihn auch hinsteckt. Das Bild drückt die Kraft der Natur aus, für die er steht und für die er bloß ein Vehikel ist. Wie Mustache, sein Lehrer, erklärt: „Siehst du, Samen gibt es überall. Nicht nur in der Erde, sondern auch auf den Dächern, auf Fenstersimsen, auf dem Gehsteig, auf Zäunen und Wänden. Hunderte Millionen Samen, aus denen nichts wird. Da sind sie und warten auf einen Windstoß, der sie in einen Garten oder auf ein Feld bläst. Aber oft sterben sie zwischen zwei Steinen, ohne daß je eine Blume aus ihnen wird. *Wenn aber der grüne Daumen einen davon erhellt – wo immer das auch sein mag –, wächst die Blume sofort.*"

Das göttliche Kind ist dieser grüne Daumen. Und der Same. Und die Blume. Als es Tistou am Ende von Druons Buch gelingt, mit seinem grünen Daumen einen Krieg zu beenden (sehr zum Ärger der Erwachsenen), muß sogar Mr. Turnbull zugeben: „Es hat keinen Sinn, sich den Kräften der Natur zu widersetzen."

Die Erwachsenen

Bei der Erörterung der Hauptfigur dieser Bücher, dem göttlichen Kind, einem Kind der Natur von göttlicher Kleinheit und göttlicher Liebe, haben wir in denselben Werken auch die Gegenfigur kennengelernt – den Erwachsenen. Der Erwachsene bildet zum Kind das gleiche Gegenthema wie das Monster oder die Hexe zum Helden.

Ist der Feind des Helden jedoch das Böse, so kann man den Gegenspieler des Kindes nicht als böse bezeichnen – zumindest solange wir ihn mit den Augen des göttlichen Kindes betrachten. Die Tatsache, daß das Böse nicht existiert und daß es auch kein Konzept für das *positive Böse* gibt, ist untrennbar mit der in den Büchern über das Kind widergespiegelten Lebensphilosophie verbunden. Diese prägt auch die Figur des Kindes. Daß das Kind so bereitwillig vergibt, ist nicht im mindesten auf ein „moralisches Prinzip" zurückzuführen, sondern ergibt sich unmittelbar daraus, wie es das Böse sieht – als irrtümlichen Unsinn, verblüffende Absurdität – und daß es der grundsätzlichen Tugend aller vertraut. Könnte es sich besser ausdrücken, so würde es möglicherweise sagen: „Vergib' ihnen, denn sie wissen nicht, was sie tun."

Die Gestalt des kindlichen Gegners ist im Gegensatz zum Feind des Helden sehr realistisch. Anstatt auf Agenten des Bösen treffen wir hier auf Leute mit charakterlichen Schwächen, anstelle von Drachen, Hexern und dunklen Mächten geht es um recht gewöhnliche Leute. Hier spiegelt sich wiederum eine Geisteshaltung, die sich weniger an Symbolen orientiert als die Heldengeschichten. Denn gewöhnliche Leute sind der sehr reale Feind, auf den wir während unseres Heranwachsens alle stoßen. Eben weil diese Bücher von dieser Welt sprechen und nicht von einer weit entfernten, sind sie gleichzeitig auch sozialkritische Bücher – eine wohlmeinende, sanfte und humorvolle Kritik, aber eben doch Kritik.

Sehen wir uns doch das Ziel dieser Kritik etwas näher an.

Im Gegensatz zum Kind, das *klein* und „geistig arm" ist, ist der Erwachsene wichtig, groß und reich an Wissen (bzw. an vorgefaßten Ideen). Im Gegensatz zur Naturnähe des Kindes und zu seiner Spontaneität steht er für Kontrolle und Sorge (und zwar über das Ergebnis seiner Kontrolle). Im Gegensatz zum kindlichen Sinn für Schönheit und Mitgefühl ist er unsensibel oder gleichgültig. Und statt liebevoll und sanftmütig ist er feindselig und hart. Wollen wir uns die folgenden vier Eigenschaften genauer ansehen: Überheblichkeit, Kontrolle, Gefühllosigkeit und Aggression.

Der vierte Planet gehörte einem Geschäftsmann. Dieser Mann war so beschäftigt, daß er nicht einmal den Kopf hob, als der kleine Prinz ankam.

„Guten Morgen", sagte der kleine Prinz zu ihm. „Ihre Zigarette brennt nicht mehr." – „Drei und zwei macht fünf. Fünf und sieben sind zwölf. Zwölf und drei sind fünfzehn. Guten Morgen. Fünfzehn und

> sieben sind zweiundzwanzig. Zweiundzwanzig und sechs sind achtundzwanzig. *Ich habe keine Zeit, sie wieder anzuzünden ...*“
>
> „Fünfhundert Millionen wovon? fragte der kleine Prinz.
>
> „Ah, bist du immer noch hier? Fünfhundert und eine Million – ich kann nicht unterbrechen ... ich habe soviel zu tun! *Ich habe es hier mit folgenschweren Angelegenheiten zu tun.* Irgendein Unsinn macht mir keine Freude. Zwei und drei macht fünf ...“

Das leere Selbst des kleinen Prinzen macht ihn offen für eine Rose und sogar für einen Geschäftsmann. Den Geschäftsmann läßt das Gefühl der eigenen Wichtigkeit und seine Beschäftigung mit „folgenschweren Angelegenheiten“, jedoch den kleinen Prinzen und sogar die Sterne, die er zählt, vergessen. Die Bedeutung, die er seinem Geschäft beimißt (das seinerseits ihm selbst Bedeutung verleiht), wird so zum Grund für seine Gefühllosigkeit, einem der vier Punkte auf unserer Liste.

Analog dazu können wir auch den Fall von Ferns Vater, dem bodenständigen, praktischen Bauern betrachten. Die erste Seite des Buches erzählt uns, wie das achtjährige Mädchen hinter ihm herrannte, als er mit einer Axt zum Schweinestall ging. Sie weinte: „Bitte, bring' es nicht um ... das ist nicht fair.“

> „Fern“, sagte er sanft, „du mußt lernen, dich selbst unter Kontrolle zu haben.“
>
> „Mich selbst unter Kontrolle haben“, schrie Fern. „Das ist eine Frage von Leben und Tod, und du redest über *mich unter Kontrolle haben*.“

Hier stehen nicht nur Sensibilität und Gefühllosigkeit einander gegenüber, sondern auch Kontrolle und die Offenheit gegenüber „Fragen von Leben und Tod“. Das Töten wird durch

Sachargumente gerechtfertigt („*Ich kenne mich bei der Aufzucht von Schweinen besser aus als du.* Ein Schwächling macht nur *Schwierigkeiten.*“). Kontrolle dient den Sachargumenten. Denn wie könnte er erfolgreich leben, wenn er auf Stimmen wie die des Kindes hörte – und zwar sowohl auf die Ferns als auch auf die seines eigenen inneren Kindes? Man braucht Kontrolle, um den *Status quo* aufrechtzuerhalten. Entwickelt sich ein Lebensmuster in eine nicht natürliche Richtung, so braucht man Kontrolle und Disziplin, um es vor der Invasion der Natur und den Angriffen der Realität zu schützen. Deshalb ist die Aufmerksamkeit des Kindes leicht und natürlich, währen Mr. Turnbull die Stimme erheben muß, wenn er sich Gehör verschaffen will – und zwar ohne Erfolg, denn Druon meint: „Wenn Erwachsene ihre Stimme erheben, hören kleine Jungen nicht zu.“

Spricht man deshalb von Wichtigkeit, Gefühllosigkeit und Kontrolle, so scheint erstere grundsätzlicher zu sein. Kann man Wirklichkeit und Schönheit nicht so gut in sich aufnehmen, so liegt es daran, daß man in andere Dinge mehr Interesse „investiert“. Man braucht Kontrolle, um diesen im Grunde unnatürlichen Zustand aufrechtzuerhalten. Die Natur selbst braucht immer nur das „Zulassen“: einen Kanal, um durchfließen zu können, ein „Nichts“. Sich gegen die Natur zu wenden verlangt dagegen nach einem „Tun“, einem *jemand*, einem Ego.

Was ist es eigentlich, das die Erwachsenen in unseren Geschichten mit soviel Energieaufwand verteidigen?

Ein Aspekt sind, wie wir gesehen haben, „Sachargumente“. In unserem Kontext bedeutet das einen finanziellen Gewinn und – wenngleich weniger deutlich – die Gegenhaltung zum „Unpraktischen“, das heißt zu einer für den angestrebten Gewinn „kindlichen Irrelevanz“. Vor dem gleichen Hintergrund sagt Mr. Turnbull zu Tistous Vater über den Jungen: „Er kann seine großzügigen Gefühle noch nicht durch einen Sinn für die Realität im Zaum halten.“

Der Realtiätssinn des Geschäftsmannes (hier im Sinne von Ego) ist jedoch, wie Saint-Exupéry uns zeigt, überhaupt nicht realistisch:

> „Ah, du meinst die Sterne?"
> „Ja, genau. Die Sterne."
> „Und was machst du mit fünfhundert Millionen Sternen?"
> „Fünfhundertein Millionen und sechshundertzweiundzwanzigtausendsiebenhunderteinunddreißig. Ich habe es hier mit folgenschweren Angelegenheiten zu tun. Da muß man genau sein."
> „Und was machst du mit diesen Sternen?"
> „Was ich damit mache?"
> „Ja."
> „Nichts. Sie gehören mir."

Das fand der kleine Prinz natürlich unterhaltend, sehr poetisch, aber nicht sehr folgenschwer.

Saint-Exupéry zeigt uns hier den blinden Besitzdrang, den Stolz, etwas zu *haben* jenseits jeden Nutzens oder realistischen Bedarfs – die Wirkung ist ähnlich der, die der Geschäftsmann aus seiner Genauigkeit bezieht: er hat das Gefühl, *jemand* zu sein. In der Figur des Geografen zeigt uns Saint-Exupéry das Gegenstück zu „materiellem Besitz" – nämlich das geistige Eigentum. Wie der Geschäftsmann, der seine Sterne im Grunde gar nicht brauchen kann, sondern den nur der Gedanke an ihren Besitz befriedigt, hat auch der Geograf die Länder, die er kartografiert, nie gesehen. „Der Geograf ist viel zu *wichtig*, um herumzubummeln. Er verläßt seinen Schreibtisch nie, sondern empfängt die Forscher in seinem Studierzimmer." Auch ihm genügt es zu wissen, daß „geografische Werke von allen Büchern die sind, die sich mit den folgenschwersten Dingen beschäftigen. Sie kommen auch nie aus der Mode."

Saint-Exupérys Geograf läßt sich mit Druons Botaniker vergleichen, der die wundersamen Pflanzen studiert, die Tistou um das Gefängnis herum wachsen läßt. Er sagt – und meint damit die Erwachsenen: „Wenn in der Welt etwas Neues passiert, sind sie fest entschlossen zu beweisen, daß dieses Neue im Grunde etwas anderem gleicht, das sie schon kennen."

Und dann die Botaniker:

> „Sie kamen von überall her mit dem Flugzeug, mit dem Taxi und einige sogar auf Fahrrädern. Botaniker beschäftigen sich damit, Blumen aufzuschneiden oder ihnen unaussprechliche Namen zu geben, sie zwischen Blättern von Löschpapier zu trocknen und zu beobachten, wie lange es dauert, bis sie ihre Farbe verlieren. (*Beachten Sie hier das schnelle Tempo, die Hyperaktivität, das mangelnde Gefühl für die Wirklichkeit und ihre Schönheit.*)
>
> ‚Es ist ein Beruf, für den man lange studieren muß.'
>
> (*Kontrolle, Disziplin, Anstrengung für etwas, das nicht den anmutigen Pfad der Natur nimmt.*)
>
> Kommen viele Botaniker zusammen, so nennen sie das einen Kongreß. Ein solcher Botanikerkongreß fand in Mirepoil statt. Es gibt eine unendliche Vielzahl von Blumen, aber dort gab es nur drei Arten von Botanikern: ehrwürdige Botaniker, berühmte Botaniker und bedeutende Botaniker.

Abgesehen von der Wichtigtuerei, die sich aus dem Besitz (egal wovon ... vom wundersamen Schwein bis zu den Sternen) und aus der Etikettierung von Dingen ableitet, beschreiben die Bücher Erwachsene als Menschen, die stolz auf Autorität und Macht sind. Saint-Exupéry karikiert diesen Aspekt des Ego, in dem Wichtigtuerei, Kontrolle und Aggression zusammenfallen, durch einen König, der ganz alleine auf einem Planeten lebt –

ein Bild, das schon für sich selbst genommen zeigt, daß das Ego (ob es nun kontrolliert, studiert oder herausragt) im Gegensatz zum Kind *immer* alleine und nicht in wirklichem Kontakt mit dem Gegebenen ist. Dieses Alleinsein steht in krassem Gegensatz zum Kind, das mit den Tieren befreundet ist, sie versteht und mit dem Kleinen verwandt ist. Da sie nicht mit der Realität in Kontakt ist, ist die konzeptive und symbolische Welt des Ego natürlich einfacher – es gibt „eine unendliche Vielzahl von Blumen, aber nur drei Arten von Botanikern". „Ah, hier ist ein Untertan", ruft Saint-Exupérys König, als er den kleinen Prinzen kommen sieht. „Wie kann er mich erkennen, wo er mich doch vorher nie gesehen hat?" meint darauf der kleine Prinz. Beides zeigt die Naivität des Königs und eine Geisteshaltung, die Druon als „vorgefaßte Ideen" bezeichnet. Saint-Exupéry erzählt weiter, daß der kleine Prinz „nicht wußte, wie *einfach* die Welt für Könige ist. Für sie sind alle Menschen Untertanen."

Saint-Exupérys König war sich der Realität zumindest soweit bewußt, daß ihm – ganz wie Mr. Turnbull – klar war, daß „es nicht gut ist, sich den Kräften der Natur zu widersetzen". Er war weise genug zu erkennen, wie hilflos er war, wenn die Dinge sich anders entwickelten, als er wollte. In seinem Bedürfnis nach Herrschaft hatte er die Antwort insofern gefunden, als er die richtigen

Befehle gab. Als der kleine Prinz gähnte, ermahnte ihn der König zunächst wegen seines Verstoßes gegen die Etikette und verbot ihm, es wieder zu tun. Als dieser jedoch erklärte, er könne nichts dagegen tun, schwenkte der König um: „Ich befehle dir zu gähnen, es ist schon Jahre her, daß ich jemanden gähnen sah. Gähnen ist für mich eine Abwechslung“ etc., denn „grundsätzlich bestand er darauf, daß man seine Autorität respektierte. Er duldete keinen Ungehorsam. Da er aber ein sehr guter Mensch war, gab er nur vernünftige Befehle.“

So gehorchten ihm sogar die Sterne – er war der Herrscher des ganzen Universums, und als der kleine Prinz ihn um einen Sonnenuntergang bat, wurde ihm versichert, daß er ihn bekommen würde, „sobald die Umstände günstig" wären. „Denn", erklärte der König, „wenn ich einem General befehle, wie ein Schmetterling von einer Blüte zur nächsten zu fliegen, und wenn der General diesen Befehl nicht ausführt, wer von uns beiden ist dann im Unrecht?"

Die Haltung dieses Königs entspricht der der Stadträte von Mirepoil in *Tistou*. Sie wurden wegen der Blumen, die ohne ersichtlichen Grund überall in der Stadt wuchsen, zu einer außerordentlichen Sitzung gerufen und gedachten, sie auszureißen, als Tistous Vater, Mr. Father, das Wort ergriff:

> „Meine Herren", sagte er, „sie liegen falsch, wenn sie sich ärgern. Ja, es ist sogar gefährlich, sich über Dinge zu ärgern, die man nicht versteht ... spielen wir doch mit den Blumen mit und halten wir mit den Ereignissen Schritt, anstatt ihnen hinterdrein zu hinken.
>
> Ja, ja und noch einmal ja! Ich möchte Ihnen einen etwas gewagten Vorschlag machen. Ändern wir doch den Namen unserer Stadt und nennen wir sie von nun an Mirepoil-les-fleurs. Mit einem solchen Namen wird sich niemand wundern, wenn überall in der Stadt Blumen wachsen. Und sollte sich der Kirchturm morgen in einen Buschen Veilchen verwandeln, *so wird jeder denken, diese Verschönerung sei bloß Teil einer von langer Hand geplanten Maßnahme*."

Wie die letzte Zeile zeigt, geht es hier vor allem um die Frage, *wer die handelnde Person ist*. Im Gegensatz zum „leben und leben lassen" des Kindes oder zum „lassen und leben lassen" der Nixe, die das *Zulassen* betonen und der Natur die Rolle des

Akteurs überlassen, manipuliert der erwachsene Herrscher und Kontrolleur sogar die Umwelt (indem er Blumen ausreißt) und seine eigenen Gedanken (den Namen der Stadt ändern, „vernünftig“ sein), um sich selbst *einzureden*, daß eine Handlung von ihm ausgeht. In dieser Welt gibt es keinen Platz für das Unerwartete, auch nicht für Gefühle und Staunen, alles muß mit den Erwartungen des Ego übereinstimmen. Die Skala der Gefühle kann von Selbstzufriedenheit bis Frustration reichen, aber entlang der ganzen Skala befindet sich möglicherweise eine versteckte Leere und eine Sehnsucht nach dem Unerwarteten, ein „Verlangen nach Abenteuer“.

Das Konzept des Ego habe ich eingeführt, um von jener Gruppe „erwachsener“ Haltungen zu sprechen, zu der unter anderem auch das Bedürfnis nach Bedeutung und Kontrolle gehört. Ich möchte hier nicht darauf eingehen, ob dieses Ego sich mit der Freudschen oder Jungschen Konzeption des Ego deckt beziehungsweise was die genaue Beziehung zwischen diesen Konzepten ist. Ich kann jedoch nicht darüber hinweggehen, daß sich dieses „Ego“ mit dem „Ego“ des traditionellen Mystizismus deckt – und zwar sowohl des westlichen als auch des östlichen, insbesondere aber des buddhistischen. Der Verzicht auf den Gedanken vom „Ich“, die Hingabe an „den Willen Gottes“, an das universelle Gesetz (Dharma) oder an den Weg (Tao) ist der universelle Markstein der höchsten Erfahrung, der in allen Religionen gleich ist. Das Leeren des Selbst, das den klösterlichen Gelübden von Armut und Gehorsam zugrunde liegt und das der heilige Paulus mit seinem „Nicht ich lebe, sondern Christus lebt durch mich“ vermittelt, ist die Kehrseite der Erfahrung des *Einsseins* mit allem. Daher bedeuten *Fana-f'illah* – die Auslöschung in Gott hinein – und das Nirwana nicht die Vernichtung des Lebens, sondern die des Ego und seiner Welt der Illusionen.

Das göttliche Kind ist ein Wesen ohne Ego, ein Wesen, das für die Welt transparent ist. Es „sitzt“ einfach in der Welt, weiß und vertraut darauf, daß das Gras wächst und der Frühling kommt. Es ist wie die Gänse, von denen es in einem chinesischen Gedicht heißt, daß „sie ihr Spiegelbild nicht auf das Wasser werfen wollen“. Der Erwachsene in unseren Büchern lebt dagegen *nur* für sein Spiegelbild in den Gedanken anderer oder in seinen eigenen. Er *ist* ein Spiegelbild. Alle seine Handlungen erschaffen ein Bild im Spiegel des Geistes. Dem kleinen Prinzen, der über keinen Geist verfügt, der solche Bilder schafft, sondern nur seine Offenheit gegenüber der Realität, erscheinen all diese Anstrengungen spaßig unbedeutend:

> *„Was heißt das – ‚bewundern‘?“*
> „Bewundern heißt, daß du mich für den schönsten, besten, reichsten und intelligentesten Menschen auf diesem Planeten hältst.“
> „Du bist aber doch der einzige Mensch auf diesem Planeten!“
> „Tu’ mir den Gefallen und bewundere mich trotzdem.“
> „Ich bewundere dich“, sagte der kleine Prinz und zuckte leicht mit den Schultern.
> „Aber was interessiert dich so sehr daran?“
> Und der kleine Prinz ging fort.
> „Die Erwachsenen sind sehr eigenartig“, sagte er zu sich selbst, als er sich wieder auf die Reise machte.

Was der König, der Geschäftsmann, der Geograf und der eitle Mensch gemeinsam haben, ist, daß sie *besonders* sein und sich von der übrigen Schöpfung abheben wollen (und zwar jeder auf einem einsamen Planeten). Es gibt nur *einen* König im ganzen Universum, *einen* Besitzer aller Sterne, *einen* größten und schönsten Menschen. In ihrer Einzigartigkeit begründet sich ihr Sinn dafür, *jemand zu sein*, d. h., als Individuum zu existieren. Das göttliche Kind kümmert sich nicht um diese Existenz (wie wir sehen werden, ist es sogar offen für den Tod). Doch gerade deshalb wird es besonders und einzigartig: Die Leere seines „Ich“ füllt sich mit allem, auf das es trifft und für das es offen ist. Es wird zu einem Teil des Gesamtorganismus der Natur, der keinem anderen gleicht.

Wir könnten auch Vermutungen darüber anstellen, ob das Verlangen des Geschäftsmannes nach dem Besitz der Sterne und das des Königs nach der Herrschaft über die Sterne ein pervertierter (und so zum Scheitern verurteilter) Ausdruck eines tieferen Verlangens ist, mit den Sternen *eins zu werden* – ein verstecktes Gefühl der Einsamkeit und eine Sehnsucht, dem *Getrenntsein*, das sie sich selbst geschaffen haben, ein Ende zu setzen. Die ego-zentrierte Andersartigkeit und Einzigartigkeit, die sie gewählt haben, ist die falsche Lösung und die Falle, die sie in ein ewiges Verlangen führt, das nie gestillt wird.

Das göttliche Kind kennt kein solches Verlangen, weil es *mit allem eins ist*. Seine Bedürfnislosigkeit erlaubt es ihm, als ein Tropfen im Ozean des Seins zu existieren. Das Ego ist in einem

Teufelskreis nicht akzeptierter Leere gefangen; – Verlangen – Füllen der Leere, indem man „jemand“ ist – sich von der Leere der Schöpfung getrennt fühlen. Die Egolosigkeit des Kindes ist dagegen ein Kreislauf der *Tugend* akzeptierter Leere – das heißt, eine Bedürfnislosigkeit, die sich mit allem füllt – sich mit der Schöpfung eins fühlt – seine Leere akzeptiert.

Abgesehen von all dem ist eine Unterscheidung zwischen den beiden Zuständen illusorisch, weil das Ego bloß ein Schöpfer und eine Schöpfung von „vorgefaßten Ideen“ ist, eine Vorstellung, die allen Vorurteilen zu Grunde liegt. Ein amüsantes Spiel der Erwachsenen, wie der kleine Prinz sagen würde. Denn der König *denkt* bloß, daß er regiert, und der Geschäftsmann *denkt* bloß, daß er besitzt und daß alle anderen genauso denken (*wer sonst* ist aber tatsächlich auf ihrem Planeten – oder auf unserem?). Der Bauer kann frei wählen, daß er auf sein „wundersames“ Schwein stolz ist – ebenso wie auf die Medaille bei der Messe in der Stadt, anstatt sich – ohne Rücksicht auf Fragen des Stolzes – an seinen Tieren zu erfreuen. Wäre letzteres der Fall, so hätte er wohl mehr Zeit mit ihnen verbracht, wie ja auch das kleine Mädchen den Geruch von Heu und Mist liebte. „Man roch die Ausdünstungen der müden Pferde und den wunderbar süßen Atem der *geduldigen Kühe*. Oft war es eine Art von *friedlichem Geruch* – als ob *in der Welt nie wieder etwas Schlimmes passieren könnte*.“ Dann hätte er von dem kleinen Schwein, das das allerschwächste des Wurfes war, lernen können, daß es genügte, am Leben zu sein – oder er hätte wie Fern die Sprache der Tiere verstehen können, und sie hätten ihm allmählich vertraut.

Wenn das Ego – wie Buddha sagt – eine Illusion ist, so ist es eine Illusion, die dem Lebensprozeß im Wege steht. Genauer gesagt, bringt sie Erwachsene dazu, Blumen auszureißen und zu erklären und kleine Schweine zu töten. Was uns zum letzten Zug von Erwachsenen auf unserer Liste führt: Aggression, die im Gegensatz zur Liebe des Kindes steht.

Schon aus früheren Beispielen könnte hervorgegangen sein, daß die Aggression im Dienste des Ego steht. Die weitere Erörterung macht dies jedoch noch deutlicher. Der folgende Ausschnitt stammt aus Saint-Exupérys Szene mit dem König – und zwar zu dem Zeitpunkt, da der kleine Prinz den Planeten verlassen will und der König ihn zurückzuhalten versucht, indem er ihm den Posten eines Justizministers anbietet. Auf dem Planeten gibt es jedoch kein anderes Geschöpf als eine alte Ratte, und daher kann über niemand anderen Recht gesprochen werden:

> Von Zeit zu Zeit verurteilst du sie zum Tode. So *hängt ihr Leben von deiner Gerechtigkeit ab*. Du wirst sie aber jedes Mal begnadigen, denn man muß mit ihr *gut haushalten*. Sie ist die einzige, die wir haben.

Der Vorschlag des Königs beruht auf einem Kompromiß zwischen seinen beiden Neigungen – dem Bedürfnis zu herrschen und dem Bedürfnis zu *haben*. Der kleine Prinz lehnt ab: „Ich möchte niemanden zum Tode verurteilen."

Aus dem egozentrischen Blickwinkel ist Aggression die Kraft, die das Ego am Leben erhält, indem sie alles unterdrückt, das mit seinem Selbstverständnis (das seinen Kern ausmacht) in Konflikt gerät. Liebe ist dagegen jene Kraft, die – vom gegenteiligen Blickwinkel aus betrachtet – die Existenz von allem stärkt, was das Nicht-Ego aufnimmt und mit dem es sich zufrieden gibt.

Aus buddhistischer Sicht sind sowohl Zorn als auch Verlangen ein Merkmal des unwissenden Menschen, der sich von allen

Dingen getrennt glaubt. Daß er an weltlichen Objekten festhält beziehungsweise sie von sich weist, kommt letztlich daher, daß er an der Illusion seiner getrennten Existenz, seines Ego, festhält.

Kein Gedanke könnte der Hauptströmung westlichen Denkens fremder sein als dieser. Trotz seiner Kriege und seiner Verachtung für die „zurückgebliebenen" Hindus, die ihre heiligen Kühe nicht töten, bezeichnet der Westen sich selbst als lebensbejahend. Ein Teil dieser Bejahung der Welt kommt aus der Überzeugung, daß sowohl Verlangen als auch Zerstörung letztlich notwendig sind. Die Psychologie ist mittlerweile zu einem Punkt gelangt, an dem einige annehmen, daß Thanatos, der „Todesinstinkt", ein Mythos sein könnte. Die Heiligkeit der Libido bleibt jedoch im wesentlichen unberührt.

Untersuchen wir jedoch die Figur des göttlichen Kindes, so erkennen wir, daß es annähernd einem Wesen ohne Thanatos *oder* Eros entspricht, ohne Verlangen und Abneigungen. Für das göttliche Kind steht nichts auf dem Spiel, – wie wir sehen werden, nicht einmal seine eigene Existenz, und so sind seine Freude und seine „Liebe" frei von Begierde und persönlichem Verlangen. Sein seliger Zustand entsteht nicht daraus, daß die Welt seine Bedürfnisse erfüllt, sondern daraus, daß es der Welt begegnet. Da es selbst nichts will, kann es sich an allem erfreuen, was das Dasein ihm bietet – eine Freude, die gleichermaßen für das Erfahren des eigenen Todes gilt. Bevor wir uns näher damit beschäftigen, wie die anderen mit dem Tod umgehen, können wir die Frage der Aggression also wie folgt zusammenfassen: Das göttliche Kind *hat nichts zu verteidigen*, die Natur der Zerstörung ist dagegen die der *Verteidigung*. Dabei geht es vor allem um die Verteidigung des „Ich", um die Idee einer abgespaltenen Existenz. Und noch radikaler ausgedrückt – auf der Ebene von Hunger und Essen – um das *Faktum* der persönlichen Existenz.

Die Härte und Zerstörungswut, die die Erwachsenen in den untersuchten Büchern an den Tag legen, ist ein weiterer Ausdruck ihrer Grundnatur. Im Gegensatz zum göttlichen Kind geht es dabei um die Stärkung des Ego. Ein Ego, das bestärkt werden muß (wie das für alle Illusionen gilt, die ja sonst von der Realität ausgelöscht würden), muß permanent alles zerstören, was seinen besonderen Platz in der Schöpfung leugnet. Letztlich muß es deshalb jede Schöpfung aggressiv verschlingen, um sie sich anzueignen oder sie auszulöschen.

Eine Philosophie der Verteidigungslosigkeit würde das Leben dann verleugnen, wenn sie unvollständig wäre, sich der persönlichen Zerstörung fügen und Handlungen zur Lebenserhaltung nicht beachten oder unterdrücken würde. Das völlige Akzeptieren natürlicher Ereignisse bedeutet jedoch das Annehmen des Lebens wie auch des Todes. Wenn es also eine Haltung gibt, in der sowohl das Leben als auch der Tod akzeptiert werden, so muß dies gleichzeitig eine Haltung von Akzeptanz und Losgelöstheit sein. Denn hinge man am einen, so bedeutete dies notwendigerweise eine Ablehnung des anderen. Eine derart losgelöste Akzeptanz oder eine losgelöste Bereitschaft teilzuhaben, ohne in konkreten Situationen an etwas festzuhalten, könnte man als Gleichmut bezeichnen. Dies betont allerdings nur die passiven Aspekte. Auf der aktiven Seite bedeutet das eine Geisteshaltung, in der Handlungen als frei gewählt und nicht so sehr als notwendig empfunden werden. Oder – paradox ausgedrückt – ein solcher Zustand ist der einer frei akzeptierten Notwendigkeit. Es ist, als ob ein Wesen, das weder am Leben noch am Tod hängt und das keine Präferenzen hat bzw. dessen Ego nicht im Spiel ist, eine ganz bestimmte Handlungsweise wählt, die sich in einer Situation anbietet und die Leben und Tod mit einschließt.

So kann die gleiche Sichtweise des Lebens, die uns im einen Fall in ihrer Akzeptanz des Todes sanftmütig erscheint, uns in ihrer Akzeptanz des Tötens grausam anmuten. Auch die Spinne Charlotte erschien dem Schwein Wilbur bei ihrem ersten Treffen ebenso:

„Du meinst, du *ißt* Fliegen!"

„Natürlich. Fliegen, Käfer, Grashüpfer ... alles, was unaufmerksam genug ist, sich in meinem Netz zu verfangen. *Ich muß schließlich leben, oder etwa nicht?*"

„Ja, natürlich", sagte Wilbur. „Schmecken sie gut?"

„Köstlich. Aber ich esse sie nicht wirklich. Ich trinke sie, ich trinke ihr Blut. Ich liebe Blut", sagte Charlotte, und ihre angenehme, dünne Stimme wurde noch dünner und noch angenehmer.

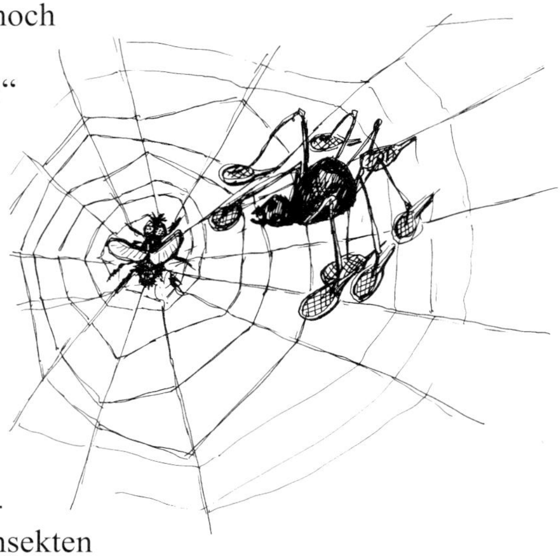

„Sag' das nicht!" grunzte Wilbur. „Bitte, sag' so etwas nicht."

Worauf Charlotte ihm erklärt, daß das die Art und Weise ist, *wie sie geschaffen wurde*. „Zufällig bin ich ein Fallensteller. Außerdem würden Insekten die ganze Welt überfluten, wenn sie nicht von Spinnen gefressen würden."

Wilbur schließt daraus, daß Charlotte „grimmig, brutal, intrigant und blutrünstig ist", er findet aber heraus, daß „sich hinter ihrem ziemlich grausamen Äußeren ein weiches Herz verbarg und sie sich bis zuletzt als treu und wahrhaftig erweisen sollte".

Die Aussagekraft des obigen Ausschnitts liegt nicht nur in der Perspektive eines „nicht-bösen Bösen", die für das untersuchte

Buch typisch ist, sondern noch mehr in einer nicht sehr vertrauten Erfahrung von Gleichmut in der Zerstörung, von Aggression ohne Zorn. Das Töten ist hier eine Pflicht, die das Gesetz des Lebens auferlegt. Die Spinne läßt sich darauf mit Liebe zum Leben und nicht mit Haß ein. Diese seltene Erfahrung der Aggression ohne Feindseligkeit wird in der *Bhagavad-Gita* vertreten. Als Prinz Arjuna Zweifel hatte, ob er Mitglieder seiner eigenen Familie bekämpfen sollte, argumentierte Krishna wie folgt:

> „Das Gefühl von Hitze und Kälte, Freude und Schmerz entsteht durch den Kontakt der Sinne mit ihren Objekten. Sie kommen und gehen und halten nie lange an. Du mußt sie akzeptieren. Ruhige Geister akzeptieren Freude und Schmerz gleichmütig und unberührt von beiden – und nur sie verdienen es, unsterblich zu sein ...
>
> Der, der in allem Lebenden weilt, bleibt für immer unzerstörbar. Deshalb solltest du nie um jemanden trauern ...
>
> ... Weigerst du dich jedoch, diesen gerechten Krieg zu führen, so verletzt du deine Pflicht. Du sündigst und fällst in Ungnade ... Vollführe jede Handlung, indem du dein Herz auf den obersten Gott ausrichtest. Hänge dich an nichts, denn es ist dieser Gleichmut gegenüber allen Stimmungen, der Yoga ausmacht.“
>
> Bhagavad-Gita

Dieselbe Idee von Aggression ohne Zorn und Ego-Beteiligung lag dem Ideal des Samurai zugrunde, jenes mittelalterlichen Kriegers, der in der Erfüllung seiner Pflicht sein eigenes Leben nicht schonte. Es gibt eine Geschichte, die von einem Samurai erzählt, der gerade einen Mann mit seinem Schwert töten wollte, als das Opfer ihm ins Gesicht spuckte. Da ließ der

Krieger ihn stehen und ging weg. Er hatte sich in diesem letzten Moment geärgert – und konnte es sich nicht erlauben, im Zustand einer solch persönlichen Beteiligung zu töten.

Die Episode, in der die Spinne eine Fliege fängt, ist kein Gegensatz zum Motiv der Liebe beim göttlichen Kind, sondern dehnt dieses bis zu seiner äußersten Grenze hin aus: Wie Liebe die Liebe-trotz-des-Unvollkommenen oder Liebe-trotz-des-Bösen ist, bestätigt sich die Liebe auch inmitten einer Handlung, die derzeit dem Haß zugeschrieben wird.

So wie der Aufgabe der Spinne, die Fliege zu fangen, ein Anstrich von Selbstlosigkeit anhaftet (das Buch spricht eher von einem Akt des Erfüllens einer vorbestimmten Rolle als von Gier), bewahrt auch die Nixe ihr eigenes Leben mit einer vergleichbar losgelösten Effizienz. Killerwale und Haie würden die Nixen fressen, wenn sie sie fangen könnten, aber Jarrell berichtet über die Nixe in seiner Geschichte folgendes:

> Sie fürchtete sich vor ihnen auf eine im Grunde gleichgültige Weise und meinte, keiner ihrer Leute dächte wirklich an sie oder hasse sie.

„Warum sollten wir“, sagte sie. „Sie fressen uns so, wie wir Fische fressen, und die Fische hassen uns nicht. Wenn sie wissen, daß wir nicht hungrig sind, schwimmen sie neben uns her. Und wenn wir hungrig sind, versuchen sie, uns zu entkommen. *Jeder frißt jeden.*“

Die klare Akzeptanz des Todes, die in der letzten Aussage liegt, ist im gegebenen Kontext weit mehr als bloß intellektuell. Die Haltung der Nixe, die mit den einfachen und paradoxen Worten „fürchten auf eine im Grunde gleichgültige Weise“ beschrieben wird, vermittelt uns einmal mehr eine ungewöhnliche *Erfahrung*. Entweder drückt sie eine durch Furcht ausgelöste Handlung aus (vermeiden, gefressen zu werden), die jedoch mit Gelassenheit ausgeführt wird, oder auch eine Furcht, die nur oberflächlich empfunden wird – wie die „Angst zu verlieren“ oder die Spannung in einem Spiel ohne großes Risiko. Letztere kann man auch als eine Furcht sehen, die zwar real ist, mit der sich der Spieler aber nicht wirklich identifiziert – so wie wir uns auch mit einigen unserer körperlichen Vergnügen und Schmerzen nicht identifizieren und ihnen daher aus freiem Willen Beachtung schenken können oder nicht. Wie auch immer, die Nixe steht zur gleichen Zeit im Leben (und bleibt ihren potentiellen Killern fern) und hängt doch nicht verzweifelt daran: sie trifft die Wahl, zu leben und selbstlos ihr Dasein als Nixe zu führen, anstatt selbstlos zu sterben.

Wenngleich wir wissen, daß die Nixe sterblich ist, erfahren wir nicht, wie sie dem Tod begegnet. Andererseits wissen wir, wie Tistou und der kleine Prinz dem ihren begegnen. Diese sind in den fraglichen Büchern von so großer Bedeutung, daß wir den Tod zusammen mit dem Kind und dem Erwachsenen (göttliche Leere und Ego) als das dritte Hauptthema dieser Werke betrachten können. In dreien dieser Bücher wird der Tod wiederum auf sehr ähnliche Weise behandelt: Er wird vom Sterbenden akzeptiert, von seinen Freunden beweint und in gewisser Weise transzendiert. In allen drei Fällen gehen diese Autoren mit dem Tod anders um als die der Heldengeschichten. Die Aussicht, daß der Held in seinem Kampf mit den bösen Mächten sterben könnte, erscheint dem Leser nicht akzeptabel und wird auch in der Geschichte nicht akzeptiert. Sie unterliegt einer großen Spannung – und letztlich gewinnt und überlebt der Held üblicherweise auch und kehrt zu seinen Gefolgsleuten zurück. Die Gefühlsspanne reicht in den Heldengeschichten nicht so sehr von Freude bis Trauer. Denn wenn man sich vom Sieg zur Niederlage bewegt, erscheint der Tod eher als eine Frage des Verlierens im Gegensatz zum *Gewinnen*. Der Abschied des Kindes spiegelt dagegen in jedem Fall eher einen Verlust an Sein im Gegensatz zum *Dasein*. Sollte der Held im übrigen vor der Vollendung seiner Suche sterben, so können wir über sein Schicksal nach seinem Tod nicht sicher sein. Im Fall des göttlichen Kindes vermittelt dagegen schon seine Ankunft in der Geburt eine Qualität der Transzendenz des Todes, in der auch der Grund für seine Furchtlosigkeit liegt. Tistou ist ein Engel, der *weggeht* und nicht stirbt, und der kleine Prinz lebt nach seinem „Tod" auf der Erde auf seinem Planeten weiter – wie uns versichert wird. Charlotte, die Spinne, überlebt nicht und kehrt auch nicht persönlich zurück. Sie lebt jedoch in ihren Kindern weiter und ist in gewisser Weise auch ihre Kinder, da sie zum Großteil ohnehin als Instrument eines Lebens jenseits ihres eigenen dargestellt wird – als Wesen, das man eher als Teil ihrer gesamten Spezies erkennt und nicht so sehr als einen bestimmten Körper namens Charlotte in der ihm zugeschriebenen Zeit. Wir erfahren auch, daß „Charlottes Kinder und Enkelkinder Jahr um Jahr im Eingang neben Wilburs Platz im Schweinestall lebten und daß dieser ihre Freundschaft genoß." Darüber hinaus überlebte Charlotte noch auf eine andere Weise – in Wilburs Erinnerung:

Wilbur vergaß Charlotte nie. Obwohl er ihre Kinder und Enkelkinder sehr gern mochte, nahm keine der neuen Spinnen je ihren Platz in seinem Herzen ein. Sie war etwas ganz Besonderes. Es passiert nämlich sehr selten, daß einem jemand begegnet, der ein wahrer Freund ist und auch noch gut schreiben kann. Charlotte konnte beides.

In diesen letzten Zeilen des Buches vermittelt uns der Autor, daß Charlotte er selbst ist, und gibt uns damit das äußerste Beispiel für den *Triumph des Kleinen*: den Triumph der Toten, die – obwohl sie *gar nichts* mehr sind – immer noch die Gedanken und Gefühle der Lebenden leiten. Das gleiche gilt für den kleinen Prinzen, der bei der Rückkehr auf seinen Planeten und zu seiner Rose das Schaf bei sich hat, das der Autor ihm mitgegeben hat. Saint-Exupéry beschließt seine Erzählung wie folgt:

„Das ist ein sehr großes Geheimnis. Für euch, die ihre den kleinen Prinzen auch liebt, wie für mich, kann nichts auf der Welt unberührt bleiben, wenn irgendwo, man weiß nicht wo, ein Schaf, das wir nicht kennen, vielleicht eine Rose gefressen hat oder vielleicht auch nicht gefressen hat ...

Schaut den Himmel an. Fragt euch: Hat das Schaf die Blume gefressen oder nicht? Ja oder nein? Und ihr werdet sehen, wie sich alles verwandelt ...

Aber kein Erwachsener wird je verstehen, daß das eine so große Bedeutung hat!“

Vermittelt das Thema des Todes für Charlotte und den kleinen Prinzen eine Trennung (und keine Niederlage), die traurig stimmt, so liegt darin gleichzeitig auch die Einladung, zu erkennen, daß es keine vollkommene Trennung gibt. Denn wie der kleine Prinz sagt: „Die Augen sehen nur eine leere Muschel.“ Und „Über alte Muscheln wird nichts erzählt“, sagt er zum Piloten. Aber er weint.*

---

* Daß der kleine Prinz Saint-Exupéry selbst ist, erzählt er uns nicht im Buch – wenngleich wir es vermuten können, sondern auf außergewöhnliche Weise durch sein eigenes „Leben“ – durch seinen Tod.

Schon vor *Der Kleine Prinz* hatte Saint-Exupéry in seinem Roman *Kriegspilot* erzählt, daß er beim Blick aus seinem Flugzeug die Sehnsucht verspürte, eines Feuertodes in der Luft zu sterben und nicht unten auf der Erde. Tatsächlich waren die Umstände seines Todes die gleichen wie beim kleinen Prinzen.

Der kleine Prinz kehrt freiwillig an den Ort zurück, wo er auf die Erde kam, um sich am Jahrestag seiner Ankunft von der Schlange beißen zu lassen.

Saint-Exupéry meldete sich während des Krieges freiwillig für einen Erkundungsflug, der nicht nur sein letzter war, sondern – das wußte er aber nicht – wegen seines Alters und der Gesamtanzahl seiner Flugstunden auch der letzte, der ihm genehmigt worden wäre. Es war der letzte Augenblick seiner Karriere als Pilot. Und zum letzten Mal wurde er über Anecy, seiner Heimatstadt in Südfrankreich, gesichtet.

So wie auch der Körper des kleinen Prinzen verschwand (obwohl er sagte, der wäre wohl zu schwer, um ihn mit zu nehmen, und bloß eine leere Muschel), wurde auch Saint-Exupérys Körper nie gefunden. Er erhob sich in die Lüfte und wurde nie mehr gefunden …

Die Gefühlslage des kleinen Prinzen angesichts des Todes ähnelt der, die Jarrell beschreibt – er hat Angst und bewegt sich doch auch jenseits der Angst.

In einem früheren Gespräch mit der Schlange hatte er gefragt: „Hast du gutes Gift? Bist du sicher, daß ich nicht zu lange leiden werde?" Als er sich jedoch von seinem Freund verabschiedet, sind seine Worte anders: „Komm' nicht mit ... ich könnte aussehen, *als ob* ich Angst hätte."

Ist das Leiden auch von relativer Bedeutung, so zeigen doch in allen untersuchten Büchern sowohl die „Figur des Kindes" als auch der Freund angesichts des Todes ein erhebliches Maß an Traurigkeit. Da das Annehmen des Todes *und* die damit verbundene Traurigkeit Hand in Hand gehen und einander nicht widersprechen, ist man versucht zu mutmaßen, ob es nicht gerade das *Annehmen der Traurigkeit* ist, das in der Psychologie der Autoren und ihrer Figuren auch ein Annehmen des Todes bewirkt. Wenn man keinen Gefühlen ausweichen muß, auch den schmerzlichen nicht, kann man allen Ereignissen begegnen:

> „Weine nur, Tistou, weine nur", sagte sein Freund, das Pferd, „das tut dir gut. Erwachsene erlauben es sich

nicht zu weinen. Aber sie haben Unrecht. Die Tränen gefrieren in ihrem Inneren, und das macht ihre Herzen so hart."

Die Tatsache des Leidens verweist noch immer auf ein Anhaften, das nicht zum Zustand *völligen Gleichmuts* paßt, von dem auf den vorigen Seiten die Rede war. In Wahrheit weist die Figur des Kindes zwar in Richtung eines solchen Zustands – zumindest wenn man sie mit unserem gewöhnlichen Dasein vergleicht. Einem völligen Mangel an Präferenzen wie im Nirwana kommt sie jedoch noch nicht gleich. Sie beschreibt ein Wesen, das sich jenseits persönlicher Gefühle in sein Schicksal fügt, aber dennoch intensive Gefühle hegt, was dem Kind sein menschliches Interesse verleiht. Der kleine Prinz ist traurig darüber, daß er geht – er weiß aber, daß es für ihn Zeit ist, zu seiner Rose zurückzukehren, und deshalb zögert er nicht.

Die Bücher, über die wir hier sprechen, vermitteln uns durch ihre verschiedenen Episoden und Charaktere ein weites Spektrum von Ebenen der Anhaftung und der Loslösung. So beschreibt uns etwa Jarrell die Nixe als losgelöstes Wesen, das im Ozean, seiner Heimat, ein Nirwana-ähnliches Dasein führt. Nachdem sie an Land kommt, vollzieht sich ein Wandel:

> So begab es sich, daß sie – als der Bär mit seinem Winterschlaf begann – sorgenvoll meinte: „Er wird im Winter nicht bei uns sein? Jeden Winter?"
>
> Der Jäger erinnerte sich an etwas, das sie über ihre Schwester gesagt hatte, und meint lachend: „Er war

den ganzen Sommer bei uns. Warum willst du, daß er auch den ganzen Winter da ist?“

„Oh, ich weiß es nicht. *Ich habe – ich habe mich an ihn gewöhnt.*“

Die Nixe hat jedoch immer noch eine losgelöstere Sichtweise als der Jäger, ein Mann von dieser Welt. Auch die Spinne ist losgelöster als die Schweine:

Der Jäger hatte einen immer wiederkehrenden Traum: „Mein Vater stand am Feuer, und er war doppelt – wie ein Mann und sein Schatten – und ich war sein Schatten. Meine Mutter saß dort und sang, und auch sie war doppelt – wie eine Frau und ihr Schatten. Und als ich ihn ansah, warst du ihr Schatten. Als ich aber auf den Boden hinübersah, wo ich sonst immer lag, war dort gar nichts – nicht einmal ein Schatten. Der Platz war leer. Und der leere Platz wurde dunkel, und das Feuer ging aus, und ich erwachte.

„Das ist ein schlimmer Traum“, sagte die Nixe düster.

Der Jäger sagte: „Ich hoffe, ich träume das nie wieder.“

Alle paar Wochen hatte er jedoch denselben Traum.

Schließlich meinte die Nixe: „Ich weiß, was dein Traum bedeutet. Du möchtest, daß ein Junge bei uns wohnt. Dann bist du der Schatten deines Vaters und ich der deiner Mutter, und der Junge bist du selbst, wie du einst warst – alles ist dann so, wie es war.“

Den Jäger treibt seine Leere, die er zu füllen sucht, sein Bedürfnis, die Dinge so zu haben, wie sie einst waren, als er als Kind mit seinen Eltern lebte. Die Leere wird das ganze Buch hindurch zuerst durch die Nixe gefüllt, dann durch das Bärenjunge, dann durch den Luchs und schließlich durch das Waisenkind. Wir erhalten ein Bild von der ganzen Beziehung – nicht nur durch seine Augen, sondern auch aus dem „engelhaften" Blickwinkel der Nixe, für die alles grundloser und freiwilliger geschieht, auch die Bedürftigkeit und die Anhaftung selbst: „Und dann wußte ich, wie es sich anfühlt, wenn es regnet und man nichts tun kann. Ich wußte es, aber keiner von ihnen wußte es. *Sie* (die Meeresbewohner) *wissen nicht, wie es ist, wenn man sich langweilt und sich schlecht fühlt.*"

Daher ist die Sorge selbst für die Nixe, den kleinen Prinzen und Tistou ein Geschenk des Lebens, eine wunderbare Illusion, für die es sich zu leben lohnt. „Wenn es für die Meeresbewohner stürmt – egal wie heftig der Sturm ist, so ist er doch nicht real. Schwimm' ein paar Meter nach unten, und es ist vollkommen ruhig ... Und der Tod ist auch nicht anders."

Die Nixe steht für eine Bestätigung des Samsara aus dem Blickwinkel des Nirwana. Wann immer sie ihre Freude ausdrückt, ruft sie: „Ach, wie anders!" Dies lädt uns ein zu fühlen – welch eine Schönheit und welch ein Wunder, daß die Dinge so sind, wie sie sind, und nicht anders!

Kehren wir jedoch zum Paradoxon zurück, so wird es jemandem, der nicht von dieser Welt ist, eben dadurch, daß er keine Unterscheidung trifft, möglich, diese Welt vollkommen zu schätzen.

Nur für jemanden, der ihn *schätzen* kann, gibt es einen Unterschied zwischen Nähe und Distanz, und deshalb auch zwischen Freude und Sorge. Und wiederum erlaubt die Losgelöstheit einem Geschöpf, das von einem anderen Planeten oder aus dem Ozean des Lebens kommt, die Sorge erträglich zu finden und sich nicht in zwanghaftem Treiben zu verlieren.

Der kleine Prinz kann trotz seines Trennungsschmerzes gehen – eben weil er einen Ort hat, wo er hingehen kann. Er hat seine Heimat nicht vergessen („Ich bin für meine Rose verantwortlich."). Und die Rückkehr der Nixe in den Ozean wird trotz ihrer Verbundenheit mit dem Land verständlich, weil sie weiß, daß das Land nicht die einzige mögliche Welt ist. Und es ist auch nur aus einem bestimmten Blickwinkel besser, während aus einem anderen – dem der Meeresbewohner – „alles Gute aus dem Meer kommt“.

„Was ist das Leben denn letzten Endes?“ meint Charlotte kurz vor ihrem Tod. „Wir werden geboren, wir leben ein wenig, und dann sterben wir. Irgendwie kann das Leben einer Spinne mit all dem Fallenstellen und Fliegenessen doch nur Mist sein. Vielleicht wollte ich mein Leben auch nur ein wenig rechtfertigen, indem ich dir geholfen habe.“

Was Tistou anbelangt, so ist er eher in der oberen als in der unteren Welt zu Hause. Sein Verlangen, Moustache ins Leben zurückzubringen, entfernt ihn selbst vom Leben – keine Leiter mehr, und doch stieg er immer weiter auf, leicht und ohne Mühe.

> Er wurde von einem riesigen weißen Flügel gestreift.
> „Wie eigenartig“, dachte er. „Ein Flügel ohne Vogel.“
> Und plötzlich war er von einer riesigen, weißen, seidenen Wolke umgeben und konnte nichts mehr sehen.
> Dann hörte er eine Stimme, eine Stimme, die wie die von Moustache klang, nur viel lauter. Sie sagte: „Da bist du also!“
> Und dann verschwand er.

Der Held

Wie sich in den vier für diese Untersuchung ausgewählten Büchern zeigt, fügt sich der Held sehr gut in die wesentlichen Punkte des Heldenmusters von Mythen und Legenden: die Reise in ein fernes Land oder in eine magische Welt, die Überwindung von Hindernissen, das Erringen des Sieges und die Rückkehr.

So wie die Bücher, die aus einer matriarchalen Haltung heraus geschrieben wurden, einander thematisch ähneln (in allen kommen die Figuren des göttlichen Kindes und des Erwachsenen vor, und alle haben ein tragisches Ende), stellen auch die Bücher des patriarchalen Typus Variationen eines einzigen Musters dar. Statt des göttlichen Kindes finden wir in ihnen den „Helden" par excellence, dessen Prototyp nicht ein Kind, sondern ein kraftvoller junger Mann ist. Anstelle des Erwachsenen ist der Widerpart des Helden der Drache, der Riese, die Hexe oder eine andere Verkörperung böser Mächte. Und anstelle der tragischen Note, mit der das göttliche Kind sich in den Tod fügt, finden wir hier – wie schon früher angemerkt – regelmäßig ein glückliches Ende.

Der Inhalt des Geschichtstypus, dem wir uns jetzt zuwenden wollen, beginnt typischerweise damit, daß der Held zu einer Reise in ein fernes Land aufbricht oder in eine Zauberwelt bzw. eine Märchenwelt eintaucht. Dort überwindet er Hindernisse und erringt einen Sieg über die bösen Mächte, bis er etwas Wertvolles erhält: Zauberkräfte, die Freiheit einer gefangenen Prinzessin, das Ende eines Bannes (unter dem andere Wesen z. B. in Gestalt von Ungeheuern gefangen waren). Zuweilen hat der Sieg des Helden Folgen für seine Leute, für die ganze

Menschheit oder für das Universum insgesamt – das Königreich erhält wieder seinen rechtmäßigen Herrscher, es wird wieder Frühling, die Fruchtbarkeit des Landes ist wieder hergestellt.

Die Bücher, die ich für diese Untersuchung ausgewählt habe, entsprechen dem oben skizzierten Muster: In *Der Hobbit* sind es der Hobbit und die Zwerge, die sich – angeführt vom arroganten Thorin – auf den Weg machen, um die Schätze zurückzuholen, die einst ein Drache ihren Ahnen wegnahm:

> „Denn über die schroffen Nebelberge
> in tiefe Kerker und finstere Höhlen
> müssen wir bei Tagesanbruch ziehen,
> um ihm abzuringen unsere Harfen
> und unser Gold!"

In *Taran und das Zauberschwein*, das durch einen keltischen Mythos angeregt wurde, ist es der junge Taran, der Gehilfe eines Schweinehüters, der sein Zuhause verläßt, in den Wald geht und dort in einen Kampf zwischen guten und bösen Mächten verwickelt wird. Seine Belohnung sind die Wertschätzung seines Zuhauses, die er zuvor nicht kannte, und eine Prinzessin.

In C. S. Lewis' *Der König von Narnia* ist es eine Gruppe von vier Kindern, zwei Brüdern und zwei Schwestern, die durch einen in den Augen der normalen Welt gewöhnlichen Kleiderschrank eine Zauberwelt betreten. Dort nehmen sie an einem Kampf teil, der der Hexe den Garaus machen soll, die den Thron besetzt und das Land unter einem Fluch gefangenhält – schließlich werden sie selbst Könige, bis sie durch denselben Kleiderschrank nach Hause zurückkehren.

In *Das Schwert im Stein*, das auf einer Artus-Überlieferung beruht, geht es ebenfalls um die Königswürde, die der junge Artus nach einer Reihe von Abenteuern im Wald und in magischen Welten unter der Führung Merlins erlangt.

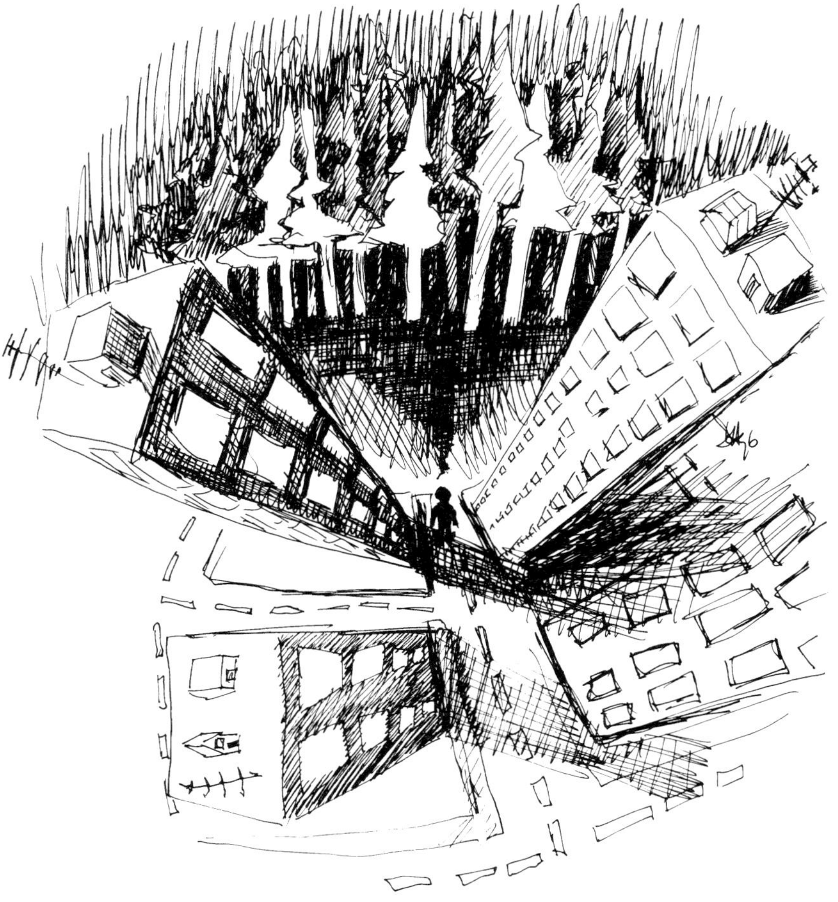

Die Heldengeschichten haben jedoch nicht nur einen nacherzählbaren Inhalt. Im Gegensatz zum göttlichen Kind, das einen Zustand natürlicher Vollkommenheit vertritt, muß der Held erst vollkommen werden, und seine Geschichte ist die Geschichte einer inneren Transformation. Daher kann man sagen, daß die Abenteuer, die dem Helden widerfahren, bloß Gelegenheiten für seine Entwicklung zu einem vollkommeneren Wesen sind – wenn nicht gar eine symbolische Veräußerlichung der Ereignisse, die im Grunde in seinem Inneren stattfinden.

Es ist die grundlegende Unvollkommenheit des Helden vor seinem wandelnden Abenteuer, die ihn aus dem Blickwinkel des göttlichen Kindes irgendwie lächerlich erscheinen läßt. Daher haben wir ihn auf den vorangegangenen Seiten als nicht so verschieden vom Erwachsenen erlebt – größenwahnsinnig, arrogant, eingenommen von seinem persönlichen Erfolg, stets versucht, etwas zu erreichen, wo es nichts zu erreichen gibt, weil alles schon da ist, mit dem beschäftigt, was er für wichtig hält, und so ohne Gespür für die Bedeutung des Lebens von Augenblick zu Augenblick – für all das, was da ist. Wir erkennen in ihm ein mächtiges Ego, das Umstände zu kontrollieren versucht, die sich nicht kontrollieren lassen, das sich in seinen Vorstellungen verliert, das Gegebene mißachtet, um dem Nichtgegebenem nachzulaufen, das mit bösen Mächten kämpft, die es nur in seiner Einbildung gibt.

Der Erzähler der Heldengeschichte kennt all das jedoch nur zu gut. Es ist sogar sein erklärtes Ziel, jenen Prozeß zu zeigen, durch den es dem Helden gelingt, seine unreife Meinung über das Heldentum zu wandeln. So wie der Autor in den Geschichten über das göttliche Kind seine eigene Vollkommenheit nicht vergessen hat und uns an den göttlichen Funken in uns selbst erinnert, ist sich der Autor der Heldengeschichten seiner Unvollkommenheit bewußt und hat den Weg aus diesem Dilemma gefunden. Das Schicksal hat ihn nicht jungfräulich rein belassen, sondern er hat sich selbst verloren und wieder gefunden. So hat er uns etwas Neues zu bieten: die Kenntnis über den „Weg zurück“ mit all seinen Fallstricken und Hindernissen. Während der Autor der Bücher über das göttliche Kind das äußere Abenteuer als unnötige Suche ansieht, zeigt uns der Autor der Heldengeschichten das heldenhafte Abenteuer von innen als notwendigen Fehler – als Irrtum, der eben genau zum Bewußtwerden des Irrtums, zu Verzweiflung und letztlich zum Wandel führt.

Es ist äußerst interessant, daß das erste literarische Werk, das dieses Thema – nämlich die Reise des Helden – aufgreift, das mesopotamische Epos von Gilgamesch ist. Dieses zeigt uns nichts anderes als das Scheitern des Helden. Tafeln mit den frühesten Versionen des Gilgamesch-Epos gehen auf das Jahr 3500 v. Chr. zurück. Es steht außer Zweifel, daß diese Geschichte während der ganzen Geschichte und Kultur der Antike von großer Bedeutung war. Wie ein Kommentator berichtet, hatte das Werk zur Zeit der Zerstörung von Ninive (606 v. Chr.) bereits so lange existiert, wie zwischen Homer und heute liegt.

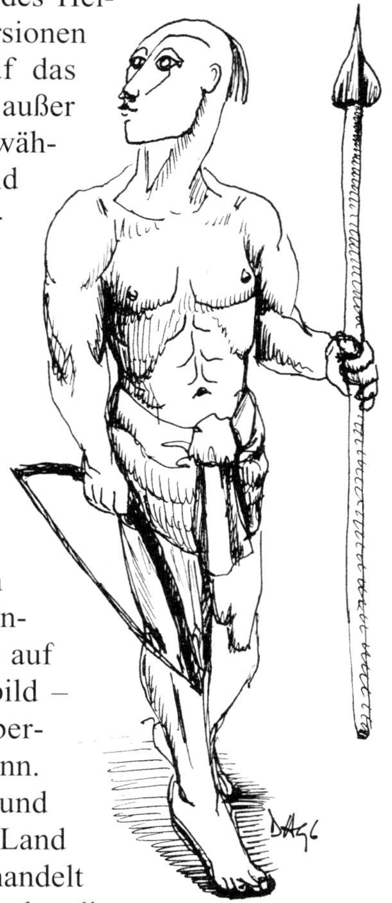

Schon früh in dem Epos erfahren wir, daß Gilgamesch ein Mann von immensen Energien ist, der sich im strukturierten Leben der Stadt nicht zurecht- findet. So erschafft die Göttin Aruru auf eine Bitte der Bürger sein Ebenbild – einen Mann, der mit seinen überschüssigen Energien umgehen kann. Jetzt, da Gilgamesch einen Freund namens Enkidu hat, will er ins „Land der Lebenden" aufbrechen. Es handelt sich dabei um den großen Wald, der die Stadt umgibt (10.000 Wegstunden in jede Richtung, das heißt größer als die Erdoberfläche) und in dem auch die Götter und das schreckliche Monster Humbaba wohnen.

Wie die meisten Helden ist auch Gilgamesch mit dem Leben und der Gesellschaft in der Stadt nicht zufrieden. Er hat dort als

Herrscher bereits alles erreicht, was man erreichen kann, und so erfüllt ihn ein Drang nach dem Außergewöhnlichen und Unbekannten, vor dem sowohl die Bürger als auch die weisen alten Männer zurückweichen. Er möchte *Ehre* erringen, indem er gegen das Monster Humbaba kämpft, das kein Sterblicher je überwunden hat.

Wenngleich Gilgamesch sich aus Ziel- und Rastlosigkeit auf das Abenteuer einließ, sollte das Töten Humbabas zum Liebeswerben Ishtars, zu seiner Verweigerung und zu seiner Rache in Form des himmlischen Stiers führen. Gilgamesch tötet Ischtars Stier, und als Folge davon will die Göttin, daß Enkidu stirbt. In diesem Augenblick wird Gilgamesch sich plötzlich seiner Sterblichkeit bewußt und begibt sich auf die zeitlose Suche des Helden – das genaue Gegenteil davon, wie sich das göttliche Kind dem Wandel hingibt und seine Unsterblichkeit verfolgt.

Gilgamesch macht sich nun auf die Reise, um Utnapischtim, den einzigen Menschen, dem die Götter die Unsterblichkeit geschenkt haben, zu finden und seinem Geheimnis auf die Spur zu kommen. Wiederum muß er auf seiner Reise Monster besiegen (diesmal in der Form des Skorpionmenschen), bevor er in den Sonnengarten gelangt – die vielleicht früheste archetypische Version des Gartens Eden. Im Garten der Hunde teilt ihm Schamasch, der Sonnengott, jedoch mit, daß seine Suche fehlschlagen muß. Dennoch setzt Gilgamesch seine Reise fort und gelangt schließlich in ein Land der Lebenden. Hier befragt er den abgeklärten Utnapischtim. Dessen erste Antwort scheint – wie Professor Piehler anmerkt – „kaum die Reise wert; er beklagt sich bloß auf traditionell babylonische Weise, daß es keine Beständigkeit gibt und daß alles vergänglich ist.“ Ich würde die Tragweite dieser Antwort nicht allzu leicht abtun. Schließlich drückt sich die spätere buddhistische Philosophie in genau dem Gedanken aus, daß im vollen Anerkennen der Unbeständigkeit der einzige Pfad zur Vollendung liegt. Wir konnten erkennen, daß dies auch die Philosophie des göttlichen Kindes ist, das Beständigkeit in der Unbeständigkeit findet, Fülle in der Leere und Freiheit in der Hingabe.

Dann erkennt Gilgamesch, daß Utnapischtim weder der Art von Held entspricht, die er sich vorgestellt hatte, noch in irgend einer Form eine überlegene Ausgabe seiner selbst ist, das heißt „ein kampfbereiter Held". Dieser ist vielmehr ein entspannter und passiv anmutender Mann, der sich zu seinen Füßen niederläßt. Er scheint ganz klar nicht die Art von Person zu sein, die mit den Mitteln, die Gilgamesch selbst bisher anwandte, ein unsterbliches Leben erlangen konnte. *Er ist nicht einer, der sich seinen Weg zum Heil erkämpft hat.*

Nun fragt Gilgamesch Utnapischtim, wie er das unsterbliche Leben erlangt hat. Utnapischtim meint, daß er ihm das Geheimnis der Götter preisgeben wird. Seine Antwort muß Gilgamesch, der dafür so weit gereist ist, jedoch belanglos erscheinen, denn er schläft daraufhin ein.

Wenn wir sie nicht hinsichtlich des Gegensatzes zwischen den beiden Helden betrachten, könnte uns Utnapischtims Antwort ebenso belanglos erscheinen wie Gilgamesch. Das „Geheimnis der Götter" ist nichts anderes als die Geschichte, die später in der Genesis über Noah erzählt wird. Nicht wegen seiner Kraft und seines Mutes wurde Utnapischtim von den Göttern erwählt, sondern wegen seines Gehorsams. Während die anderen Bürger Schurrupaks einen Aufruhr veranstalteten, der den Göttern mißfiel, war er *still* genug, um die Stimme Eas zu hören, die ihm zuflüsterte. So hörte und befolgte er Eas Befehl.

Utnapischtim wurde also nicht für sein *Tun,* sondern für sein *Nicht-Tun* belohnt. Im Gegensatz zur Aktivität des Gilgamesch ist er passiv. Im Gegensatz zu dessen individualistischer Rebellion ist er gehorsam und akzeptiert.

Hier ein weiteres Zitat von Professor Piehler:

> Das war also das Geheimnis der Götter, das Gilgamesch nie gelernt hatte: wahres Heldentum liegt darin, die Stimme des Transzendenten zu hören und ihr zu folgen. Es ist erstaunlich, daß die Prüfungen des heldenhaften Ideals in diesem Epos so unterschiedlich von dem erscheinen, was der Beginn vermuten hätte lassen. So zeigt sich schon in diesem frühesten Heldengedicht, daß dem Ideal des Heldentums, das in der Geschichte des Westens so populär ist, beinahe schon bei seiner Geburt zutiefst die Macht fehlt, sich selbst zu transzendieren und die letzten Probleme des Lebens zu lösen.

Utnapischtim gab Gilgamesch jedoch noch eine Alternative: eine Heldentat, durch die er die Blume der Unsterblichkeit erlangen konnte. Das sprach Gilgamesch mehr an, er verfehlte jedoch sein Ziel.

Man könnte jedoch sagen, daß Gilgamesch, obwohl er die Unsterblichkeit nicht erlangte (ein Erfolg, der nur dem zufällt, der auch Willens ist zu sterben), doch in seinem Kampf mit Humbaba, dem Himmelsstier, und mit dem Skorpionmann erfolgreich war. Da die meisten Helden nach ihm sich ebenfalls mit mächtigen Tieren messen, könnten wir die Bedeutung dieses Sieges hinterfragen.

Des Helden Sieg *über* das Tier ist im Gegensatz zur *Freundschaft* des göttlichen Kindes *mit* den Tieren zweifelsohne ein Zeichen der Macht. Die Frage ist jedoch, ob eine Lösung durch Macht anstatt durch Hingabe und Akzeptanz in der Gesamtbedeutung eine höhere Errungenschaft darstellt.

Einige Mythen berichten bloß über den Kampf eines Helden oder Gottes mit einer Schlange, als ob das in sich selbst einen Sinn ergäbe. Dies ist etwa beim Kampf von Zeus oder Apollo gegen Typhon der Fall, der sich nach dem Sieg über Typhon in Delphi als Gott etabliert. Wir fragen jedoch mit Recht, ob diese Götter um ein Haar besser waren als die Schlange, die wir durch ihre Augen als das Böse betrachten sollen. Als Gilgamesch Ischtars Stier erschlägt, steht dies vermutlich für eine Kulturrevolution (im Sinne eines Übergangs von matriarchalen Kultformen zu patriarchalen Werten). Ebenso symbolisieren Zeus und Apollo Teilaspekte der Welt und des Menschen, und zwar die Macht von Autorität und Kontrolle viel eher als den Ausdruck von Ganzheit.

Die Schlange oder der Drache, die der Held typischerweise erschlägt, nimmt im Gegensatz dazu einen wichtigen Platz unter den Symbolen ein, die der Mensch für ein höheres Wesen, die Versöhnung von Gegensätzen oder die Natur als Lebenskraft im Menschen gefunden hat. In der Behandlung des Drachen und der Schlange stehen Ost und West einander konträr gegenüber. Ist der chinesische Drache eine durch und durch günstige Macht, so ist die Schlange in der Genesis absolut böse. Ein genauerer Blick auf die Symbolik des Drachens im Osten und im Westen läßt jedoch wenig Zweifel zu, daß es der gleiche Drache ist, der hier entweder vergöttert oder verteufelt wird – der gleiche Aspekt der menschlichen Selbsterfahrung, der entweder bekräftigt oder verleugnet wird. Dieser Aspekt der menschlichen Erfahrung ist meiner Ansicht nach die menschliche Erfahrung von *Leben* oder *Natur*.

Der Geist des Ostens, der den Drachen als Lebensspender sieht, ist der gleiche, der sich selbst als Kind der Natur empfindet und mit ihrem mütterlichen Ausdruck zusammenarbeitet. Der westliche Geist dagegen, der das Bild vom Erschlagen des Drachens schuf, sieht sich selbst als Macht, die Gefahr läuft, von der Natur verschlungen zu werden. Er bezeichnet sich selbst stolz als unabhängig und über die blinden Mächte des Lebens erhaben.

Der westliche Mensch wollte nicht bloß ein Kind der Natur sein. Er hatte den Ehrgeiz, die Natur zu beherrschen.

Aus östlicher Sicht hat er sich von der Natur abgeschnitten und eine illusorische Dualität sowie ein künstliches Konzept von Gut und Böse geschaffen. Aus seinem eigenen Blickwinkel hat er – mit den Worten Erich Fromms – „die inzestuösen Bande mit der Natur durchtrennt", die Nabelschnur zur Großen Mutter zerrissen, wie es sich für einen Heranwachsenden gehört. In diesem Prozeß bleibt er alleine, das ist wahr: er ist auf sich selbst gestellt, ist aber auch gefallen. Dennoch bezeichnet er seinen Fall als „Fortschritt" und als *sein* Werk.

Meiner Ansicht nach finden wir den Schlüssel zur Bedeutung des erschlagenen Drachens in den Mythen einer Kultur, die zwischen dem Land des günstigen himmlischen Drachens (China) und jenem des bösen Drachens (Naher Osten) liegt.

Nach einem vedischen Mythos aus dem alten Indien erlangt Indra seine Bedeutung als Himmelsgott, indem er den Drachen Vitra in einer Heldentat mit seinem Speer aufspießt.

> Der Drache, der große Titan, war in der gliederlosen Form einer Wolkenschlange auf den Bergen gelegen und verschloß die Wasser des Himmels in seinem Bauch. Der Gott warf seine Donnerkeile in die Mitte des formlosen Knäuels. Die Bestie erzittert wie ein Haufen vertrockneter Binsen. Die Wasser quollen hervor und strömten wie Bänder über das Land, um wiederum durch den Körper der Welt zu kreisen.
>
> Diese Flut ist die Flut des Lebens. Sie gehört allen. Sie ist der Saft von Feld und Wald, das Blut, das in den Adern fließt. Die Bestie hatte sich des gemeinsamen Gutes bemächtigt und sich ehrgeizig und eigennützig

> zwischen Himmel und Erde eingenistet. Jetzt war sie erschlagen. Die Säfte flossen wieder. Die Titanen zogen sich in die Unterwelt zurück. Die Götter kehrten auf den Gipfel des zentralen Berges der Erde zurück, um von dort oben zu regieren.

Wenn der Mensch sich entschließt, sein Ego als Einheit außerhalb der Natur zu erleben, wird er folglich auch die Wasser des Lebens außerhalb seiner selbst finden.

Das „Vergehen" des Drachens liegt in diesem Fall darin, daß er die Wasser zurückhält und für sich selbst beansprucht. Als Indra ihn erschlägt, wird *seine Kraft befreit*, die Barriere

zwischen ihm und dem Inneren des Drachens wird durchlöchert. Die *Dualität* wird *aufgehoben*, so daß das Leben des Drachens zu dem des Menschen wird. Mit anderen Worten hat sich das Ego selbst vom Leben abgeschnitten und setzt dieser Trennung durch eine Tat ein Ende, die nicht als Tod des Selbst empfunden wird, sondern als Erschlagen des anderen.

Der Hindu-Mythos von Indra und Vitra ist der Schlüssel für die vielen Mythen im Westen, die mit einem Drachen in Verbindung stehen. Zwischen den Bildern des vedischen Drachens, der die Wasser für sich zurückhält, und dem europäischen Drachen, der die Götter betrügt, die Prinzessin gefangenhält und den Brunnen der Unsterblichkeit bewacht, besteht nämlich eine direkte Kontinuität. Typischerweise ist der Drache ein Hüter des Schatzes. Der Grund, warum er erschlagen wird, wird erst dann richtig deutlich, wenn wir ihn als lebensspendend und nicht als zerstörerisch betrachten.

Der Mensch, der die Dualität geschaffen hat und so eine böse Bestie wahrnimmt, setzt sich – indem er sie tötet oder von ihr verschlungen wird – über die Dualität hinweg und vereint die (scheinbaren) Gegensätze.

Während der Held also unter der Unvollkommenheit seines Lebens leidet und sich nach dem Abenteuer sehnt, das ihn wieder ganz macht, erwartet das Leben in der Wildnis ihn hinter der Maske einer bösen Bestie. Nach dem Kampf gibt es nur mehr *einen*, aber der Held ist nicht mehr derselbe, sondern ein Mensch, der durch seine Taten verwandelt und um den „Schatz" des Drachens bereichert ist. Es gibt in seinem Umfeld keine böse Bestie mehr. Aus dem „Bösen" – dem Bösen einer verschlingenden Andersartigkeit, die am Schatz des Lebens hing – wurde das Gute herausgezogen: eine magische Kraft, die Armut in Fülle verwandelt und das gewöhnliche Leben in eine wirkliche Heimat.

Mythologisch ausgedrückt könnte die mißliche Lage des Helden vor der Reise als – wenngleich unwissend – selbst auferlegte Verarmung der Persönlichkeit verstanden werden. Er betrachtet nur einen Teil seiner selbst als „Ich“, und da er den Rest aus seiner Wahrnehmung verbannt, fühlt er sich leer. Sein Zustand ist der der Vermeidung, da er zwischen seinem Ego und all den Anteilen seiner selbst, die sein Selbstbild gefährden könnten, eine Distanz schafft. Diese Grenzen des Ego schließen auch das Verständnis mit ein, daß alles, was nicht zum bewußten Selbst gehört, „böse“ ist. Auf einer gewissen Ebene meint er, eine Büchse der Pandora zu öffnen, wenn er seine Verteidigungsmechanismen aufgibt. Bewußt fühlt er sich jedoch bloß unerfüllt und projiziert alles, was er aus seinem Bewußtsein verbannt hat, in eine entlegene Wildnis. Dort lauern die böse Bestie und das Versprechen eines tieferen Lebens. Natürlich trägt die Bestie *seine eigenen* Züge – und in dem Maß, wie er aus seiner egozentrischen Position heraus alles, was anders ist, zurückweist und sich davor schützt, wird auch der Drache ein dickhäutiger Wächter sein. Und in dem Maß, wie er aus seiner Leere heraus habgierig ist, wird auch der Drache habgierig sein.

Aus diesem Blickwinkel ist der Held dem Durchschnittsmenschen noch recht ähnlich – ein sich selbst einschränkendes und in seinem

Selbst eingeschränktes Geschöpf, das sich seines Wesens und seines Potentials nicht bewußt ist und von fernen Göttern und Dämonen träumt. Was ihn vom Durchschnittsbürger unterscheidet, ist seine Berufung. In ihrer Angst vor dem Drachen auf der anderen Seite des Berges sind alle Menschen gleich, der Held läßt sich jedoch von den Stadtmauern nicht mehr zurückhalten. Der Ruf der Wildnis ist der Ruf seines unerfüllten Wesens, der ihn über sein Bedürfnis, den

Status quo aufrechtzuerhalten, hinausgehen läßt. Wenn sein Verlangen am stärksten ist, wird er sogar bereit, sein „Leben“ aufzugeben (d. h. sein Ego und seine augenblickliche Existenz).

Indem er den Drachen erschlägt, erschlägt der Held sein „heldenhaftes“ Selbst – diese Mischung aus Schutz, Gier und Zorn – und macht sich diese Qualitäten so zu eigen, damit sie sich wandeln können. Denn nur dadurch, daß der Held den Drachen in sich selbst ablehnt, wird dieser überhaupt erst erschaffen – und zwar als Hüter der Grenzen, der die Schätze des Lebens bewacht. Sobald der Held seine Aggression umlenkt, so daß er nicht mehr ängstlich die böse Bestie abwehren und so die Grenzen seines Ego weiter aufrechterhalten will, setzt er in seinem Leben auf das Abenteuer. *Er selbst* wird nun wie ein Drache (denn nur ein Drache kann einen Drachen bekämpfen). Sobald sein Feind – jetzt, da er sich das Leben zu eigen gemacht hat – jedoch verschwindet, braucht er die Aggression nicht mehr. Er hat seinen Zorn verwandelt, indem er ihn dort auslebt, wo er hingehört.

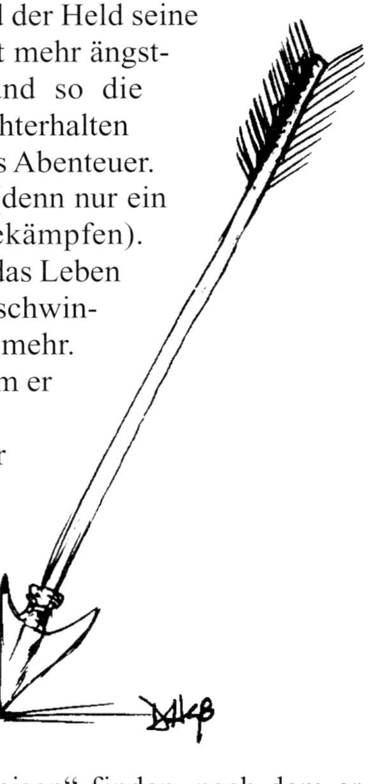

An dieser Stelle erkennen wir auch, warum die Heldenlegende nicht mythisch sein kann. Das wahre Objekt des Zorns kann für den Menschen immer nur das Gefängnis sein, das er in seiner Vorstellung selbst gebaut hat – und nicht in der realen Welt. In den Ruinen dieses Gefängnisses kann er auch den „Stein der Weisen“ finden, nach dem er sich sehnt: seine eigenen ungenützten (und daher mißbrauchten) Energien. Der Drache ist nicht real, aber indem er ihn tötet, vernichtet der Held seine eigenen Illusionen. Andererseits ist der

Drache für ihn realer als alles andere auf der Welt, da er dem Helden sein ungelebtes Selbst widerspiegelt. Indem er ihn konfrontiert und seinem Anders-Sein ein Ende setzt, verkörpert er diese Realität: er erschlägt ihn als das Andere und wird ihm gleich. Auf einer tieferen Ebene war der Held also nicht nur bereit, sein Leben aufzugeben, er *hat* es tatsächlich aufgegeben, denn er geht als ein anderer hervor – als jemand, für den die Loslösung zur zweiten Natur geworden ist. Indem er nicht mehr an seinem Leben hängt, nimmt das Leben sich seiner an.

Nachdem er Humbaba getötet hat, fürchtet sich Gilgamesch auch nicht mehr vor dem Stier und dem Skorpion-Menschen – sie stellen etwas dar, das er *schon* überlebt hat. Das gleiche gilt für viele andere Heldengeschichten, in denen mehr als ein Kampf stattfindet.

Manchmal spiegelt sich der gesamte Wandlungsprozeß des Helden in einem einzigen Abenteuer wider, und danach ist seine Reise abgeschlossen. In vielen Märchen findet der Held die Prinzessin, sobald er den Riesen, der das Schloß bewacht, besiegt hat, und heiratet sie dann. Oder er erhält Zugang zum Baum des Lebens oder zu einem Brunnen mit heilendem

Wasser, sobald er dessen Hüter bekämpft hat. Oder er kehrt – wie Aladin – nach der Prüfung mit seinem Onkel heim und ist durch seinen Kontakt mit der geistigen Welt bereichert.

Dies gilt nicht für Gilgamesch und auch nicht für viele Helden nach ihm. Nachdem er Humbaba erschlagen hat, muß er sich doch genug unterscheiden, damit die Göttin Ischtar, die Göttin der Liebe, ihn als Ehemann haben möchte. Doch anders als andere Helden, die nach dem Erschlagen des Riesen die Prinzessin heiraten, weist Gilgamesch Ischtar zurück. Und das führt zu weiteren Prüfungen. Gilgamesch hat zwei Gründe, warum er Ischtar zurückweist. Einerseits fühlt er sich Ischtar nicht ebenbürtig. „Wie kann ich einem Gott zu essen geben und auf die Königin des Himmels trinken?" meint er, und sogar der Leser merkt, daß Ischtars Werben eher das eines Königs um eine Königin als das einer Königin um einen König ist. Wichtig sind dabei vielleicht die Präzedenzfälle von Tammuz, Ischillanu und anderen Liebhabern, die alle das Pech hatten, in Tiere verwandelt zu werden.

Ischtars Bild als übermächtige, gefährliche Geliebte und vor allem die Furcht, in der Hingabe an sie in ein Tier verwandelt zu werden, stellen die Göttin in eine Reihe mit einer anderen Figur, die mit schönster Regelmäßigkeit in Heldengeschichten auftaucht: die der Zauberin, der Hexe oder der Verführerin.

Hier können wir jedoch eine grundlegende Frage stellen: *Muß* man die Göttin der Liebe tatsächlich fürchten? Oder allgemeiner gefragt: Sind die Verführerinnen in diesen Legenden eine wirkliche Gefahr oder nur ein Ausdruck der Angst im immer noch unvollkommenen Wesen des Helden?

Die Geschichte von Gilgamesch legt meiner Ansicht nach nahe, daß er einen Fehler begangen hat. Erstens ist es insgesamt die Geschichte eines Fehlschlags, andererseits ist das befürchtete Schicksal – nämlich das von Tammuz – genau das des erfüllten Helden, zu dem er nie wird. Tammuz, Ischtars Sohn oder Bruder (nach verschiedenen Versionen), ist wie sein ägyptischer Gegenspieler Osiris oder wie der semitische Adonis ein Gott, der getötet wird und wieder aufersteht – und es ist eben genau Ischtar, die ihn aus der niedrigen Welt herausholt. Ischtar lädt Gilgamesch also ein, Tammuz, ihr Sohn-Geliebter zu werden. Aus dem Blickwinkel seiner egozentrischen und typisch heldenhaften Unabhängigkeit erscheint ihm Ischtars Liebe jedoch als furchterregendes Verschlingen und als rückschrittliche Tierhaftigkeit.

Ischtar stellt im arkadischen Mythos das lebensspendende Prinzip dar, ist jedoch auch eine Göttin der Zerstörung: dieselbe Kraft, die uns ins Leben bringt, rafft uns im Tod auch hinweg. Folglich ist Tammuz der, der ewig lebt und stirbt. Der Held befindet sich – anders als der Gott – in der mißlichen Lage des Menschen: er hängt am Leben und fürchtet sich vor dem Tod, er kann nicht voll leben oder sterben. Er kann prinzipiell nicht *der* sein, der ewig lebt oder stirbt. „Er“ ist ein eingekapseltes Ego – unbeugsam gegenüber den Kräften der Natur und dem Kreislauf von Leben und Tod. Aus Gilgameschs Sicht ist Ischtars Liebe ein Zum-Tier-Werden, das verhindert werden muß. Im Gegensatz dazu fühlen sich viele erfolgreiche Helden nach der Erfüllung

ihrer Taten wie ein göttliches Kind, das mit der Tierwelt eins ist und die Sprache aller Wesen versteht. Und genau diese Furcht des Tieres bringt ihn in Kontakt mit seinem Schicksal. So verbrennt Siggurd in der *Edda* seinen Finger mit heißem Öl, als er das Herz des Drachens brät – und als er den Finger auf seine Lippen legt, merkt er, daß er den Tratsch der Spechte verstehen kann, die von einem drohenden Verrat sprechen, dem er zum Opfer fallen soll. Darauf hin erschlägt er den Schmied Regin und wendet sich neuen Abenteuern zu. Ein ähnlicher Vorfall im *Nibelungenlied* zeigt in einem Detail die Tierwerdung im positiven und nicht im negativen Sinn: Man erzählt von Siegfried, daß er im Blut des Drachen badete, nachdem er ihn erschlagen hatte. *Das machte seine Haut unverwundbar*, so daß niemand ihn mit einer Waffe verletzen konnte. In diesem Bild verdichten sich die Ideen der Einheit mit der tierischen Natur, die Identifikation mit dem Drachen und die Unsterblichkeit, wenngleich er letztere nicht vollständig erlangt: Wegen eines Blattes, das auf seiner Haut klebte, blieb ein Teil seines Rückens unbenetzt und damit verwundbar.

Oft taucht nach der Begegnung mit der männlichen Bestie der weibliche Aspekt auf, wenn nicht beide Persönlichkeiten in einer zusammenfallen (wie etwa eine lebensspendende weibliche Bestie, die Medusa oder ein verschlingender Drache). Wir könnten darüber spekulieren, ob dies nicht ohnehin natürlich ist, da der Held sich, nachdem er die Frage der Aggression behandelt hat, dem Leben öffnet – das heißt, gegenüber Impulsen des Lebens, die jenseits der Grenzen seines Ego liegen. So hört er den Ruf des Lebens und zum Leben hin etwa als Sehnsucht nach der Rückkehr zu seiner Königin (*Odysseus*), nach der Heirat mit dem Mädchen, das er befreit hat, oder er erfüllt weitere Aufgaben, die sie ihm als Bedingung für die Heirat stellt. Er kann den Ruf jedoch auch hören und ihn zurückweisen. Im Gilgamesch-Epos ist es Ischtar, die die Initiative ergreift, wie dies auch für viele andere Verführer-Gestalten danach gilt. Es ist sehr wahrscheinlich, daß dieses Bild einer Erfahrung entstammt, die sich analog zur Erschaffung des Drachens vollzieht. So wie der Riese die eigene, nach außen projizierte und als „böse“ etikettierte Aggression des Menschen darstellt, kann man die Verführerin* als seinen eigenen *Eros* sehen, der ebenso projiziert und etikettiert wird. *Er* sehnt sich nicht, sondern *sie* tut es, und sie würde das Ego verschlingen, an dem er mit so verzweifelter Unabhängigkeit hängt.

Zeichnet das Bild des göttlichen Kindes einen Lebenszustand, der keinen Zorn und keine Lust kennt, so wird auch der Held am Ende seiner Reise als jemand gezeichnet, der im Frieden ist und lieben kann, weil er sein Leben seiner gottgegebenen Berufung geopfert hat. Seine Reise besteht aber eben genau darin, mit seinem Zorn und seiner Lust zurechtzukommen. Wenn wir genau hinsehen, erkennen wir, daß der Held in jeder dieser Notlagen auf eine von zwei möglichen Ressourcen zurückgreift. Wenn er mit den Mächten der Zerstörung konfrontiert wird, kann er auf die typisch „heldenhaften“ Waffen zurückgreifen oder den Feind durch seine höhere Intelligenz ausspielen, durch das Lösen eines Rätsels gewinnen oder ihn durch eine Zauberkraft unterwerfen, die er beim Eintritt in die Zauberwelt erhalten hat.

* Der Drache verkörpert oft die Lebenskraft in ihren beiden Aspekten – Eros und Thanatos.

Diese Möglichkeiten könnte man als die sanfteren Lösungen bezeichnen. Sie liegen näher bei der Haltung des göttlichen Kindes, das den Ressourcen der Natur vertraut und das schon aufgrund seines Wesens erfolgreich sein muß.

Auch wenn er mit den Mächten des Verlangens konfrontiert wird, verfolgt der Held einen von zwei möglichen Pfaden. In einem Fall betritt er vertrauensvoll die Hütte der Hexe und wird eingesperrt – dann aber wieder freigelassen. Oder er wird vom Drachen verschluckt – wie der persische Hatim Tai, nur um später wieder ausgespieen zu werden und zu erkennen, daß der Drache ihn ein gutes Stück seines weiteren Weges mitgenommen hat. Oder er wird von einem Wal verschluckt – wie Jonas – und nach drei Tagen „neu geboren“. Wiederum liegen all diese Fälle dem göttlichen Kind näher als dem Helden. Wir sehen das in Gestalt der weniger „heldenhaften“ Helden: in Hänsel und Gretel, im reinen und unschuldigen Hatim Tai, dem Diener Gottes, der sich aus freien Stücken ins Meer wirft. Mit dem heldenhaften Motiv der Konfrontation mit der männlichen Bestie hat diese Art von Ereignissen gemein, daß auch hier der Held einer Gefahr entgegentreten muß, deren „Böses“ sich beizeiten in ein Gutes verwandelt. Ein typischer Fall dafür ist Odysseus, der ein Jahr lang mit der Zauberin Circe verbringt und von ihr erfährt, daß er auf seinem Weg nach Hause zum Hades gelangen muß. Zwar schützten ihn die Kräuter, die er von

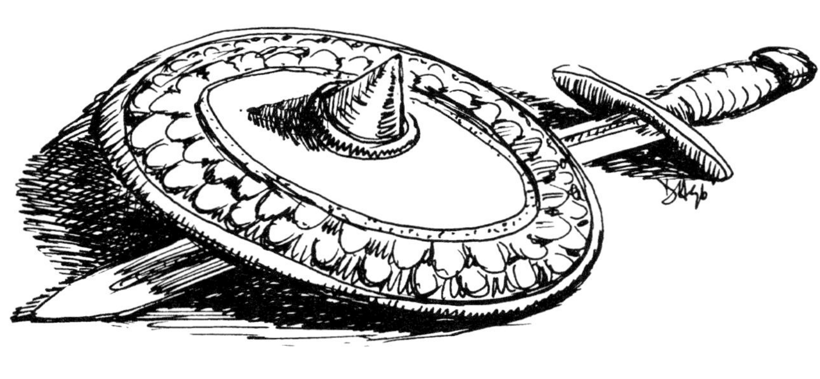

Hermes erhalten hatte, davor, in ein Schwein verwandelt zu werden, wir können den göttlichen Schutz jedoch wiederum als Geburtsrecht des Helden (bzw. des Menschen) sehen – als den göttlichen Funken in ihm.

Die alternative Haltung zur Auseinandersetzung mit dem gefährlich Weiblichen ist die willensstarke Vermeidung der Versuchung. Ein Beispiel dafür ist eine andere Szene aus der Geschichte Odysseus', als er sich nämlich an den Schiffsmast binden und seine Ohren verschließen läßt, um nicht von den Sirenen betört zu werden. Dies ist auch ein wiederkehrendes Thema in den Ritterlegenden, in denen der Erfolg des Ritters oft von seiner Treue einer bestimmten Dame gegenüber abhängt. Man könnte sich fragen, ob der Erfolg dieses Ansatzes auch von der Treue einer Penelope oder der Dame selbst abhängt, was bei Gilgamesch nicht der Fall war. Außerdem weist Gilgamesch nicht einen falschen Ersatz von sich, sondern das Weibliche schlechthin, die Göttin, die das reine Prinzip der Weiblichkeit darstellt.

Der kindliche Held

Im Grunde könnte man sagen, daß die erfolgreiche Heldentat eine ist, in der der Held zum Nicht-Helden wird. Mit anderen Worten hat sich das „Heldentum“ als der falsche Zugang zum Objekt der Sehnsucht im Herzen des Helden erwiesen. In seinen Abenteuern hat der Held gelernt, von seiner ursprünglichen Sicht der Dinge abzugehen, so wie das Kind – wenn es lernt, auf einem Stuhl zu sitzen – begreift, daß *es diesem an einem bestimmten Punkt den Rücken zukehren muß*, um erfolgreich zu sein. Das Paradoxon liegt darin, daß das Aufgeben des Heldentums in sich selbst eine heldenhafte Tat ist, wenn nicht *die* heldenhafte Tat schlechthin. Denn im Grunde stellt das Heldentum den Drachen dar, den der Held erschlägt. Der Mensch hat keinen Grund, die Natur zu bekämpfen, aber vielleicht muß er das Kämpfen gegen die Natur bekämpfen. Er muß dem Leben auch keinen Widerstand leisten, aber er muß dem Widerstand gegen das Leben widerstehen. Die Taten des Helden lassen sich also im Mut zusammenfassen, das nicht mehr zu vermeiden, was die Basis für seine Unruhe und seine Überaktivität bildet. Sobald er bereit ist, sich mit dem zu konfrontieren, was er als „böse“, „häßlich“ oder „gefährlich“ von sich gewiesen hat, wird er bald entdecken, daß das Untier eigentlich die Schönheit war, die nicht als solche gesehen werden konnte. Da seine Augen nun für das Gegebene offen sind, findet er heraus, daß das Leben *hier* und nicht *dort* ist, so wie es im *Blauen Vogel* von Maeterlink immer zu Hause war.

So geschieht es auch, daß Taran, der ursprünglich lieber ein Schwert als Pferdehufe geschmiedet hätte, am Ende von *Taran und das Zauberschwein*, als Lord Gwydion zögert, wie er ihn nach seinen Abenteuern belohnen soll, sagt: „Trotz all dem, was mir passiert ist, habe ich das Tal und die Berge deines nördlichen Landes doch lieben gelernt. Aber meine Gedanken schweifen immer mehr nach Caer Dallben. Ich sehne mich nach meiner Heimat.“

Wir sehen, daß die Haltung des göttlichen Kindes nach seiner heldenhaften Tat und seinem Wandel auch die des Helden ist. Das ist jedoch nicht alles. Wenn wir den Inhalt von Heldengeschichten genauer untersuchen, erkennen wir, daß diese Haltung nicht nur das Ergebnis seiner Suche ist, sondern oft der Schlüssel zum Erfolg im Abenteuer.

Viele Märchen erzählen zum Beispiel von drei Söhnen eines Königs, die sich einer nach dem anderen mit dem gleichen Ziel in verschiedene Richtungen auf den Weg machen – doch nur der jüngste ist erfolgreich. Die älteren jedoch, die nach herkömmlichen Standards fähiger und stärker sind, verfehlen das Ziel wegen ihrer Arroganz. Der jüngste ist dagegen bereit, seine persönlichen Interessen aus Mitgefühl für ein Wesen in Not, für ein verwundetes Tier oder für einen unbedeutenden Zwerg, dem die anderen wegen ihrer Eile nicht zugehört haben, beiseite zu stellen. Und genau diese Offenheit für das Unerwartete und diese Flexibilität führen ihn zum Erfolg. Denn es stellt sich heraus, daß der Bettler, das Tier oder der Gnom, dem er sein Interesse zugewandt hat, ihm den unerläßlichen Hinweis liefert, den er braucht. Der Hinweis liegt jedoch nicht nur im Unerwarteten, sondern auch in der Unmittelbarkeit des Helden, die er auf-

geben muß, wenn er in die Ferne blickt, und im Kleinen und Schwachen, an dem er nur allzu leicht vorübergeht, wenn er sich durch Größe und Stärke angezogen fühlt. Darüber hinaus ist der Schlüssel zum Erfolg des Helden oft ein *Geheimnis*, ein seltenes *Wissen* und nicht seine *Stärke*. Und Wissen ist im allgemeinen – wie Magie – die Macht der Kleinen. Der Unterschied zwischen dem göttlichen Kind und diesen kindlichen Helden liegt darin, daß letzterer von außen ein Geheimnis erfährt, von einem Zauberer einen Fluch oder eine magische Waffe erhält – während beim göttlichen Kind die Weisheit angeboren und natürlich ist. Aus diesem Grund erscheint sie überhaupt nicht als Weisheit oder als „Geheimnis", sondern bloß als spontan und organisch adäquate und richtige Haltung.

In Wolfram von Eschenbachs *Parzival*, jener großartigen Mischung aus keltischer, christlicher und islamischer Weisheit, finden wir viele ausdrückliche Hinweise auf die Transzendenz des konventionellen Heldentums. Parzivals erster Fehler – wegen dem er aus der Gralsburg verstoßen wird – liegt darin, daß er dem Rat seines Mentors folgt. Er hatte die Burg gefunden, ohne überhaupt von ihrer Existenz zu wissen, er war bloß seinen Impulsen gefolgt. Sobald er sie jedoch betreten hatte, handelte er im entscheidenden Moment nicht nach seinem Herzen, sondern nach dem, was er von jemand anderem erfahren hatte. Als seine Freundlichkeit ihn bewogen hätte, eine Frage zu stellen, erinnerte er sich, was sein ritterlicher Mentor zu ihm gesagt hatte: „Frag' so wenig wie möglich." Später wurde Parzival klar, wie beschränkt das Wissen seines Mentors war, und er lernte, seinem Herz zu folgen und nicht den Regeln der Ritterlichkeit – der Verkörperung des Heldentums in seiner Kultur. So bestand sein Abenteuer – so schmerzlich es auch war – in gewisser Weise darin, alles außer sich selbst beiseite zu lassen und Führung in sich selbst zu finden. Insgesamt repräsentiert Parzival unter den Helden die jugendliche Unschuld – doch jenseits dessen, was er mitbringt, muß er den Rest durch

Verlernen erreichen. Wie Joseph Campbell im Kommentar zu seinem Werk *Die Masken Gottes, Band IV: Kreative Mythologie* folgert:

> Gemäß seiner Mythologie, das heißt, jener Mythologie, die Wolfram von Eschenbach schuf, gibt es kein festgeschriebenes Gesetz, kein etabliertes Wissen von Gott, das ein Prophet oder ein Priester aufgestellt hat, das den Offenbarungen des Lebens, tiefer Integrität und dem Geist der eigenen mutigen Wahrheit standhalten kann. Gottes Initiative zeigt sich in der angeborenen, versiegelten Seele bzw. im „klar erkennbaren Charakter" des Indiviuums bei der Geburt. Initiative und Handlungsfreiheit müssen daher bei ihm selbst liegen – geleitet nicht durch das, was andere Leute sagen oder getan haben oder einem als Gottes Willen verkaufen, sondern durch die eigene innere Stimme. Diese liegt (wenn wir uns weiter mythologisch ausdrücken) in der eigenen versiegelten Seele, in deren verstecktem, von Gott gegebenem Unterschied zu allen anderen. Dort hat sich „Gottes Wille" versteckt, um wie ein Osterei gefunden und hergezeigt zu werden. Und zwar nicht, indem man sich verzückt ins Bett zurückzieht – sei es nun im Dunkeln oder im Hellen –, sondern durch Taten hier mitten in dieser gemischten Welt (warum wäre man sonst geboren?), wo nichts verdorben ist und nichts rein, sondern wie das Gefieder der Elster gemischt.

Ein aufschlußreicher Abschnitt im *Parzival*, der diesen Punkt sehr gut verdeutlicht, ist der folgende, in dem Sigune Parzival von der Gralsburg erzählt: „Im Umkreis von dreißig Meilen – keine Hand hat dort je einen Baum oder einen Stein berührt – findet sich nichts außer einer reichen Burg, die viele suchen, aber noch keiner gefunden hat. *Denn der, der sucht, wird sie nicht finden.*“

Auf den letzten Seiten von Lewis’ *Der König von Narnia* findet sich ein Widerhall dieser Aussage, als der Professor den Kindern, die aus der magischen Welt zurückgekehrt sind, erklärt:

> „Was soll das heißen? Natürlich werdet ihr eines Tages nach Narnia zurückkehren. Einmal König in Narnia, immer König in Narnia. Aber versucht nicht, zweimal denselben Weg zu nehmen. Versucht im Grunde nicht einmal, überhaupt dorthin zu gelangen. Es passiert, wenn ihr nicht danach sucht.“

Die Haltung, aus der heraus die Bücher des Kindes geschrieben sind, beschreibt alle Errungenschaften als *natürliche Entwicklung* – daher erscheinen sie auch nicht als Errungenschaften. Zwischen den Geschichten von natürlicher Entwicklung einerseits und von heldenhafter Absicht und Streben andererseits gibt es jedoch einen Formulierungstypus, der zwischen beiden liegt – und zwar den der göttlichen Unterstützung, der göttlichen Natur. Eine bestimmte Art von Geschichtenerzählern benennt das göttliche Kind – und die Göttlichkeit von allem anderen – so indirekt, daß sie es nicht mehr als etwas Besonderes anerkennen und als göttlich bezeichnen. Andere haben sich vielleicht nicht so in ihre Wahrnehmung der Göttlichkeit der Natur vertieft und merken daher den Unterschied zum Nicht-Göttlichen gar nicht. Sie erkennen das Wirken des göttlichen Planes nur hie und da, vertrauen dem Wirken des Universums nur hin und wieder und bezeichnen daher diese Augenblicke als besondere. Wenn sie daher von angeborener, innerer Vollkommenheit sprechen, so tun sie es in der Sprache des Heldentums, die eher eine Sprache der Transzendenz als eine der Immanenz ist. Das Kind ist nicht bloß ein Kind, sondern ausdrücklich ein *göttliches* Kind – so erleben wir etwa Herakles als neugeborenes Baby, das in der Krippe eine Schlange erwürgt. Die Absicht hinter diesem Mythos ist offensichtlich die, eine Stärke zu unterstreichen, die nicht erworben wurde, sondern angeboren ist, wie im Motiv des Kindes der Fall ist, das Thema entstammt jedoch dem Heldenmotiv vom Erschlagen des Untiers.

Andererseits erfahren wir, daß Herakles ein Held ist – und zwar nicht in der späteren Anwendung des Begriffs, sondern im streng griechischen Sinn. Er ist ein Halbgott, der Sohn des Zeus und einer sterblichen Frau.

Wir können also diese Helden wie etwa die griechischen Söhne Gottes ebenso in eine Reihe mit der Figur des Kindes stellen wie die Menschen, die göttliche Unterstützung erfahren. Dies gilt im Gegensatz zu Gilgamesch für Utnapischtim und für die meisten Helden im Alten Testament. Im Fall der letzteren ist es vermutlich nicht der Verfasser, der eine Interpretation der Erfahrungen vornimmt, sondern es sind die Helden selbst, die ihre Taten als göttlich inspiriert wahrnehmen. Die gleiche Unterscheidung, die wir hier für die Haltung der Verfasser treffen, läßt sich auch auf die Haltung der „Helden" ausdehnen und kommt dort ebenso zum Tragen. Einige Verfasser mit einem scharfen Sinn für Immanenz – wie etwa Whitman – erfahren den göttlichen Plan als Natur und Gottes Wille als ihre Berufung. Andere mit einem stärkeren Sinn für Transzendenz – wie etwa Fox – verstehen die Natur als Entfaltung des göttlichen Plans und bezeichnen die Stimme ihres tieferen Selbst als „Gottes Wille".

In den vier Büchern, die unsere Gruppe heldenhafter Kinderliteratur bilden, treffen genau heldenhafte und kindliche Qualitäten aufeinander – ich habe darauf in den vorhergehenden Absätzen verwiesen. Ich setze voraus, daß es sich dabei in erster Linie um Heldengeschichten handelt, und konzentriere mich daher auf die kindlichen Qualitäten, die vor allem in vier Aspekten zutage treten: 1. das Wesen der Figuren, 2. die Gedanken zu Schicksal, göttlicher Unterstützung und königlicher Abstammung; 3. die Macht des Kleinen; 4. die Figur des Zauberers und die Rolle der „Zauberkraft".

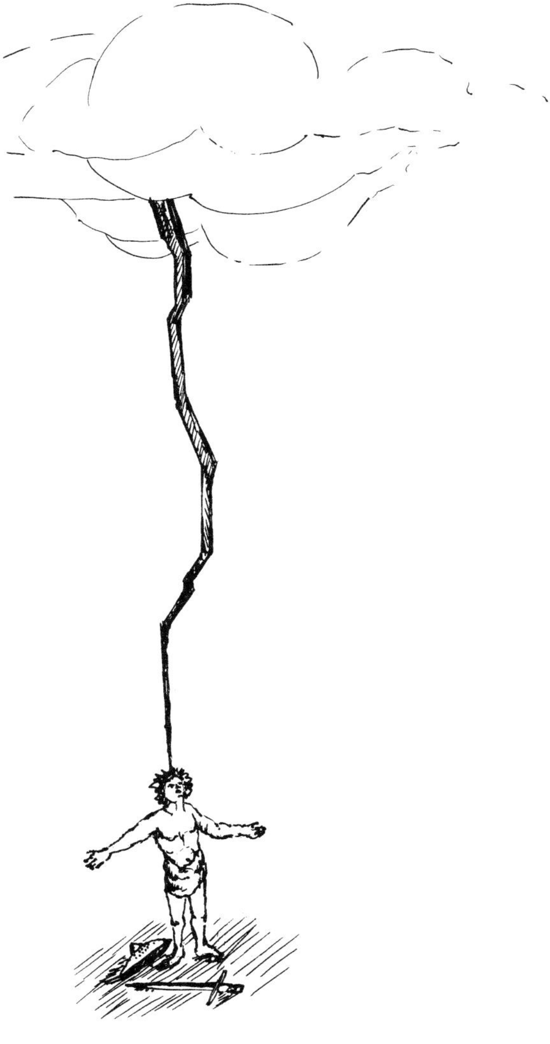

Das Wesen der Figuren

In dreien unserer Bücher ist die Hauptfigur ein Junge (oder eine Gruppe von Kindern) und im vierten ist es ein Hobbit – ein Wesen, das, wie wir gesehen haben, viele kindliche Eigenschaften aufweist. Das Alter der Figuren in diesen Heldengeschichten weist schon darauf hin, daß wir es hier mit einer Mischung zwischen heldenhafter und der nicht heldenhaften Haltung des göttlichen Kindes zu tun haben könnten. Das Alter allein würde als Hinweis nicht ausreichen, denn die Autoren könnten – da ja Kinder das Publikum sein sollten – Helden im Alter der Leser geschaffen haben, um die Identifikation mit den Hauptfiguren zu erleichtern und so ihr Interesse am Abenteuer zu erwecken. Dennoch passiert es, daß ihr Alter zu ihrem Wesen und zur Qualität ihrer Handlungen paßt. Am Beginn von *Der Hobbit* fragt sich der Leser vielleicht, wodurch eine so unheldenhafte kleine Gestalt in einem drachen-erschlagenden Abenteuer wohl so wichtig werden könnte. Tolkien legt dem Zauberer dazu jedoch eine wichtige Aussage in den Mund. Als der kriegerische Thorin in einer strategischen Diskussion vorschlägt, sie könnten unmittelbar bis zum Eingang der Höhle des Drachens vordringen, antwortet Gandalf:

> Das wäre nicht gut: nicht ohne einen mächtigen Krieger – oder sogar einen Helden. Und der ist schwer zu finden ... Krieger sind damit beschäftigt, einander in fernen Ländern zu bekämpfen, und Helden sind hier in der Umgebung sehr selten beziehungsweise gar nicht zu finden. Die Schwerter sind hier meistens

> stumpf, und die Äxte werden für Bäume verwendet – und Schilde als Wiege oder zum Abdecken des Geschirrs. Und die Drachen sind angenehm weit weg (und daher bloß Legenden). Deshalb habe ich mich auf den Einbruch verlegt – besonders als ich mich an den Seiteneingang erinnerte. Und hier ist unser kleiner Bilbo Baggins, der Einbrecher, der ausgesuchte und erwählte Einbrecher.

Die Funktion des Kindes oder Hobbits wird in den hier ins Auge gefaßten Büchern deshalb im Bezug auf eine zweite Heldenfigur gesehen, weil dieser zweite Held eher dem traditionellen Heldentypus entspricht. Tatsächlich ist es für diese Bücher charakteristisch, daß in ihnen zwei unterschiedliche Helden vorkommen. Wir können sie hier als kindlichen Helden und als Krieger bezeichnen.

In *Taran und das Zauberschwein* ist der kindliche Held etwa Taran. Er unterscheidet sich vom göttlichen Kind durch seine „Träume vom Heldentum, von Bedeutung und Leistung“, und weil der Autor ihn – wie er uns in der Einleitung wissen läßt – für die heldenhafte Tat als geradezu „jämmerlich unvorbereitet“ ansieht. Er fügt hinzu, in diesem Ausmaß „sind wir in unserem Herzen alle Schweinehüter-Gehilfen“. Aus der Sicht des göttlichen Kindes sind wir dagegen alle innerlich für unser Schicksal vorbereitet.

Trotz dieser Züge, die ihn mit der Figur des Helden verbinden, bleibt Tarans Rolle durch das ganze Abenteuer hindurch relativ passiv. Zusammen mit seiner Unvollkommenheit und der unbestritten zentralen Position seiner Figur im Buch drückt sich so in ihm die Macht des Kleinen aus.

Es ist nicht Taran, sondern Lord Gwydion, der den gehörnten König, das Instrument des Herrschers der Finsternis, tötet. Gwydion ist ein typischer Held, den Lloyd Alexander der walisischen Mythologie entnommen hat. Er ist ein Abkömmling des Sonnenkönigs, der im Laufe seines Abenteuers von einer Zauberin gefangengenommen wird. Durch sein Leiden im Verlies vollzieht sich in ihm ein Wandel, der ihn letzten Endes zum Sieg führt. All das erzählt der Autor uns jedoch auf insgesamt nur drei Seiten. Im Kontext des gesamten Buches erscheint Gwydion uns wie eine Naturgewalt, beinahe wie eine Macht, deren Aufgabe es ist, den bösen Mächten entgegenzuwirken. Es ist eine Handlung, die wir von außen betrachten, ohne uns ins Detail und die Unsicherheiten ihres Inhalts zu vertiefen. Diese Kraft kreuzt in Gestalt des Helden das Abenteuer des Kindes zu zwei verschiedenen Zeitpunkten wie ein Meteor – und zwar zu Beginn, als er es in die Tiefe des Abenteuers zieht, und am Ende, als er als Agent der entscheidenden Vollendung auftritt. Gwydion könnte sehr gut auch als Kraft in Taran selbst verstanden werden, als höhere Macht, die das Abenteuer in ihm hervorruft. Aber selbst wenn wir die beiden nicht als Teilaspekte eines einzigen Wesens betrachten, ist die Geschichte von Taran doch wie ein Feld, in das Gwydion eintritt und in dem seine Handlung stattfindet. Tarans Abenteuer sind insgesamt eine Plattform für Gwydion bzw. ein Rahmen für das Feld seiner Manifestationen. Das Bild des Kindes hat in der Struktur der Geschichte eine den Helden tragende Funktion. Es ist der Held, der die entscheidenden Handlungen vollführt, während das Kind – zunächst unwissend und ungewollt – in die Rolle des Zeugen und Mitwirkenden rutscht.

Am Ende des Buches gibt Taran zu, daß er im Grunde nichts getan hat: „Ich habe keinen wirklichen Grund, stolz zu sein ... es war Gwydion, der den gehörnten König auslöschte, und Henwen half ihm dabei. Aber Gurgi und nicht ich fand sie – und Fleirdur kämpfte offenbar, während ich von einem Schwert verwundet wurde, das ich nicht ziehen hätte dürfen. Und Eilonwy war diejenige, die das Schwert nahm, das ich nicht hätte ziehen dürfen. Und Eilonwy war überhaupt diejenige, die das Schwert als erste vom Karren nahm. Was mich anlangt, so habe ich vor allem Fehler gemacht."

Darauf antwortet sein Lehrer: „Deine Gedanken mögen richtig sein, du kannst aber doch ein wenig stolz auf dich sein. Du warst es, der die Kameraden zusammenhielt und anführte. Du tatest das, was du dir vorgenommen hattest, und Henwen kehrte sicher zu uns zurück. Wenn du Fehler machtest, so hast du sie auch erkannt."

Aus dem einem Blickwinkel unternahm Taran nichts – alles wurde durch andere vollführt; aus einem anderen wurde jedoch alles, was geschah, erst durch seine Aufmerksamkeit möglich. Was die anderen taten, unternahmen sie, weil er da war. Daher erfüllt er die Funktion des empfangenden Prinzips. Er ist ein Feld für die Manifestation göttlicher Kräfte, so wie das göttliche Kind ein Träger der Kräfte der Natur ist.

In C. S. Lewis' Buch läßt sich der Gegensatz zwischen den vier kindlichen Helden und dem Löwen mit dem zwischen Taran und Gwydion vergleichen. Das Abenteuer berichtet über die Kinder. Sie betreten ohne ihr Wissen das Land Narnia, und als sie versuchen, einen Faun zu retten, werden sie zu Königen und Königinnen. Der wirkliche Held ist jedoch der Löwe. Als die Kinder die Biber fragen, wie hoch ihre Chancen sind, den Faun zu retten, zögert Herr Biber mit seiner Antwort keine Sekunde:

> „Es hat keinen Sinn, Sohn Adams ... keinen Sinn, daß ausgerechnet du es unter allen Menschen versuchen willst ... jetzt da Aslan unterwegs ist."

Aslan, der Löwe, ist der König und der Sohn des großen Kaisers, des Kaisers-jenseits-des-Meeres. Wie der Biber sagt ...

> „... ist er der Herr des ganzen Waldes, doch ist er nicht oft hier.
>
> Er wird die Hexe töten, und wo er hingeht, folgt der Frühling ...
>
> Unrecht wird zu Recht, wenn Aslan auf den Plan tritt.
>
> Wenn sein Brüllen erschallt, verschwinden alle Sorgen.
>
> Wenn er seine Zähne zeigt, verschwindet der Winter.
>
> Und wenn er seine Mähne schüttelt, wird es wieder Frühling."

Wenngleich die Kinder in diesem Buch die Throne einnehmen, die vom Beginn der Zeiten an für die Menschen gedacht sind, so ist es doch der Löwe, der ihren Weg kreuzt und ein solches Schicksal bewirkt. In ihrer Beziehung arbeiten eine höhere Macht und ihre Instrumente zusammen, und für eine solche Zusammenarbeit trifft auch der Gedanke Gwydions aus *Taran und das Zauberschwein* zu:

> „Ist mir ein Schicksal auferlegt, daß mich ein Schweinehüter-Gehilfe bei meiner Suche unterstützen soll“, zögerte er, „oder ist es vielleicht umgekehrt?“

In *Der Hobbit* finden wir nicht nur zwei, sondern sogar drei Helden (wenn man die Gruppe der Zwerge als einen rechnet) in einer komplementären Beziehung, wie sie hier schon beschrieben wurde.

Wie Gandalf, der Zauberer, vorhergesehen hatte, war der Hobbit für das Abenteuer unerläßlich. Dennoch hätte er sich nicht allein darein gestürzt, sondern mußte von den kriegerischen Zwergen – eindeutigen Verkörperungen des Heldentypus – erst hineingezogen werden. Ein Großteil des Buches

beschäftigt sich mt den Reisen dieser Gruppe von Zwergen und dem Hobbit, die teilweise von Gandalf geführt werden und dann seinem Plan folgen. Den Drachen tötete jedoch keiner von ihnen, sondern jemand, der uns erst am Ende des Buches kurz vorgestellt wird:

> „Bard hatte eine rauhe Stimme und ein böses Gesicht ... er stammte in einer langen Reihe von Girion, dem Herrscher von Dale, ab.“

Als die Bestie, die vom Hobbit geweckt wurde, seine Stadt in Brand steckte und er nur mehr einen Pfeil übrig hatte ...

> ... flatterte ihm aus der Dunkelheit heraus etwas auf die Schulter. Er schrak auf, doch es war nur eine alte Drossel. Unerschrocken ließ sie sich bei seinem Ohr nieder und brachte ihm Neuigkeiten. Erstaunt stellte er fest, daß er ihre Sprache verstand, da er dem Geschlecht derer von Dale entstammte.
>
> Der Vogel gebot ihm, auf den Aufgang des Mondes zu warten und dann nach einem wunden Punkt auf der linken Brust der Bestie Ausschau zu halten. Als die Zeit gekommen war, sagte der Schütze zu seinem Pfeil:
>
> Schwarzer Pfeil! Ich habe dich bis zuletzt aufgehoben. Du hast noch nie dein Ziel verfehlt, und ich habe dich auch immer wieder gefunden. Ich erhielt dich von meinem Vater und der wiederum von seinen Vorfahren. Solltest du aus der Schmiede des wahren Königs unter dem Berg kommen, so fliege nun schnell.

Um die einzigartige Position Bards in der Geschichte zu unterstreichen, läßt Tolkien ihn sich selbst später mit den folgenden Worten vorstellen: „Ich bin Bard aus dem Geschlecht

Girions. Ich erschlage den Drachen.“ Die Weisheit des Vogels oder der Flug des schwarzen Pfeils hätten ohne Bard, der bereits in einen Kampf verstrickt war, keine Wirkung gehabt. Der Drache hätte sein Geschick als Schütze nie zu spüren bekommen, hätte sich die Gruppe von Zwergen nicht auf den Weg gemacht, um ihr Gold zu suchen. Die Zwerge wären ihrerseits nie lebend zum Berg gelangt, hätte der Hobbit nicht seinen Ring benutzt, der ihn unsichtbar machte. Und der Hobbit hätte sich nie an einem solchen Abenteuer beteiligt, hätte ihn Gandalf, der Zauberer, nicht dazu angestiftet. Wir können die verschiedenen Elemente dieser Folge als konzentrischen Sphären sehen, die jeweils für die Macht der in ihr liegenden Sphäre offen waren und von der außerhalb liegenden Sphäre zum Handeln gebracht oder durch die Handlung hindurch getragen wurden. Aus der Sicht des Heldentums kommt der, der den Drachen erschlägt, sowohl in seiner Abstammung als auch in seiner Handlung dem klassischen Heldenmodell näher. Dann kommen die Zwerge, die sich wegen ihres Strebens, ihrer Suche nach dem Schatz und ihrer Aggression dem idealen Typus annähern. Sie selbst sind jedoch nicht dafür geschaffen, das Werk zu vollenden, werden durch ihre Initiative jedoch sehr wohl zu Werkzeugen des Ergebnisses. Der Hobbit, der noch weniger heldenhaft ist, hat immer noch genug Hunger in sich, um sich dem Abenteuer anzuschließen – und sein ausdrückliches Nicht-Handeln ermöglicht das Handeln der anderen. Was Gandalf anbelangt, so agiert er praktisch gar nicht, sondern verströmt reine Weisheit. Wir erleben ihn nur zu Beginn des Abenteuers und am Ende.

Göttliche Unterstützung, Königswürde und Schicksal

Das Motiv des göttlichen Kindes drückt sich in drei der vier Bücher in einer Abwandlung der Idee der göttlichen Unterstützung aus – eine Formulierung, die der ursprünglichen Weisheit nahe kommt. In diesen Büchern taucht sie in Form eines Konzepts auf, das genau im Grenzbereich zwischen Immanenz und Transzendenz angesiedelt ist – und zwar als Konzept eines Planes, einer vorgegebenen Ordnung, eines Schicksals. So erkennen etwa in Lewis' Buch die vier Kinder, die – ohne es zu beabsichtigen – in das magische Königreich Narnia eintauchen, eine Prophezeiung über die Menschheit aus alter Zeit:

> Wenn Adams Fleisch und Adams Knochen
> auf Cair Paravels Thron sitzen,
> ist es mit der schlimmen Zeit aus und vorbei.

Darüber hinaus gab es in Cair Paravel genau vier Throne und nicht einen. In *Der Hobbit* erfahren wir von der Vorbestimmtheit der Ereignisse am Ende des Abenteuers, nachdem der Leser die Handlung bereits als freiwillig und zufällig betrachtet hat. Das sind die letzten Zeilen des Buches:

> „Dann sind die Prophezeiungen der alten Lieder also wahr!“ sagte Bilbo.
>
> „Natürlich“, sagte Gandalf, „warum sollten sie nicht wahr sein? In Wahrheit mißtraust du den Prophezeiungen nicht, weil du selbst an ihrer Verwirklichung teil-

> hattest. Du glaubst doch nicht wirklich, daß all deine Abenteuer und all dein Entkommen aus bloßem Glück geschah und nur zu deinem eigenen Nutzen? Du bist ein feiner Kerl, Mr. Baggins, und ich mag dich sehr, aber in der großen weiten Welt bist du doch nur ein kleiner Bursche."
>
> „Gott sei Dank!" sagte Bilbo lachend und gab ihm die Tabaksdose.

Die Legende, auf der *Das Schwert im Stein* basiert, zeigt ein weiteres Thema, das bestimmte Heldenlegenden mit dem Motiv des göttlichen Kindes verbindet – die unbekannte königliche Herkunft.

Halten wir an der Idee fest, daß der Held (im Gegensatz zum göttlichen Kind) von der ursprünglichen Harmonie abgekommen ist, so wird er nicht als gewöhnlicher Mensch dargestellt, sondern als jemand, der nicht um seine königliche Abstammung weiß. Dennoch lassen sein Nichtwissen und das Nichtwissen der Welt um seine Identität nicht die Wirkkraft vorausahnen, mit der sich sein königliches Schicksal entfaltet. Denn dieses hängt nicht von seinem bewußten Wissen und seinen Absichten ab, sondern zielt an seinem Ego vorbei. Es hängt nämlich nicht von seinen Taten ab, sondern von seinem Wesenskern. So wie Ödipus nichts über seine königliche Abstammung weiß, hält sich auch König Artus für einen gewöhnlichen Knaben. Sein Wesen offenbart sich in der mühelosen Tat, mit der er das Schwert aus dem Stein, in dem es unverrückbar festsitzt, herauszieht. Das Bild der Tat ist in sich selbst ein Beispiel für die Macht des Kleinen, einer Macht, die im Sein und nicht im Tun begründet liegt. Das gleiche Motiv gilt für Cinderella, der der Schuh als einziger so leicht und perfekt paßt, wie es auch trotz größter Mühe bei niemand anderem möglich wäre.

Die Geschichte vom Schwert und vom Stein, die hier König Artus zugeschrieben wird, ist die von Galahad in *La Queste de*

Saint-Graal, einem anonymen französischen Werk aus dem dreizehnten Jahrhundert. Hier heißt es, der leere Stuhl am Tisch des Grals (später der runde Tisch) sei ursprünglich der von Jesus gewesen und würde so lange leer bleiben, bis entweder Christus selbst oder ein von ihm Gesandter darauf säßen. Die Mutter des „Ersehnten Königs", Galahad, entstammte dem hohen Adelsgeschlecht von König David und Joseph von Arimethea. Galahad, der in der Wildnis aufgewachsen war, wurde am Vorabend von Pfingsten nach Camelot gebracht, besetzte den gefährlichen Stuhl und zog das Schwert, das man am gleichen Tag in einem Stein im Fluß gefunden hatte. Über dem Knauf standen in Goldlettern die Worte: „Niemand wird mich je ziehen außer dem, an dessen Seite ich zu hängen bestimmt bin: Und er wird der beste Ritter der Welt sein."

Das Thema der königlichen Abstammung ist in dieser Geschichte also so formuliert, daß klarer als in anderen der Gedanke an eine göttliche Ernennung aufkommt. Galahad ist nicht nur ein Abkömmling des gelähmten Königs, der der frühere Hüter des Grals war, sondern er entstammt darüber hinaus auch noch der Linie Davids und ist dazu bestimmt, den Stuhl Christi zu besetzen.

Der atmosphärische Unterschied zwischen solchen Formulierungen und jenen aus *Der Hobbit* ist dagegen enorm. Während hier der Abgesandte Gottes als der einzig Wichtige erscheint und es mit der heldenhaften Vorliebe für Größe hält, akzeptiert Bilbo Baggins nur allzu gerne, daß er „nur ein kleiner Bursche in der großen weiten Welt ist" – auch wenn es sein Schicksal war, die große Tat zu vollenden. Seine Art, sich in den göttlichen Plan einzufügen, ist nicht die eines aristokratischen Messias, sondern entspricht eher dem chinesischen Denken.

> Was versteht man unter einem wahren Menschen?
> Die wahren Menschen früherer Zeiten fürchteten sich nicht,
> wenn sie ihrem Schicksal allein gegenüberstanden.
> Keine großen Taten. Keine Pläne. Wenn etwas schief ging,
> keine Sorge.
> Wenn etwas gut lief, keine Selbstgefälligkeit.
> Sie trugen Felsen ab und wurden nie schwindlig.
> Wateten durchs Wasser und wurden nie naß.
> Gingen durchs Feuer und verbrannten sich nicht.
> Und so reichte ihr Wissen bis zum Tao.
>
> Es fiel ihnen nicht ein, das Tao zu bekämpfen.
> Sie versuchten auch nicht, dem Tao durch eigene Pläne
> nachzuhelfen.
> Das sind diejenigen, die wir als wahre Menschen bezeichnen.
> Ein freier Geist, eine klare Stirn, ein offenes Gesicht.

Waren sie kühl? Nur so kühl wie der Herbst.
Waren sie heiß? Nur so heiß wie der Frühling ...
All das kam von ihnen?
Wie die vier Jahreszeiten.
(Merton, *Der Weg des Tschuang-Tse*)

Die Macht des Kleinen: Zauber, Weisheit, Liebe und Empfänglichkeit

So wie das Kind (oder die Gruppe von Zwergen in *Der Hobbit*) in diesen Büchern als Feld für die Manifestation der Kraft des Helden und als Träger des kosmischen Plans erscheint, läßt sich auch der Held als Träger der Macht sehen. In dem Ausmaß, in dem er wirklich ein solcher ist, teilt er die Haltung des göttlichen Kindes und verleiht dem Prototyp des kindlichen Helden Ausdruck. In gewisser Weise könnte man sagen, daß es nicht der Held ist, der die Heldentat vollführt, sondern sein magisches Schwert, sein vorherbestimmter Pfeil, die Macht seiner besonderen Weisheit.

Er hat diese möglicherweise durch seinen Ahnen, einen Zauberer, ein Tier oder ähnliche Vertreter der Natur oder durch eine Tat erworben. Im Falle von Bard stellt der Pfeil, der ihm durch seine Vorfahren weitergereicht wurde, seine unmittelbare Identität dar. Sein unfehlbarer Treffer kann daher ähnlich gesehen werden wie die Leichtigkeit, mit der Artus das Schwert aus dem Felsen zieht – eine Schicksalstat, die den Kräften der Natur und den Ereignissen innewohnt. Spricht man über diesen Treffer noch detaillierter, so erkennen wir darin eine Kombination aus der Unfehlbarkeit des Pfeils (ähnlich der Unfehlbarkeit oder Vollkommenheit des göttlichen Kindes) und dem Wissen des Vogels, der Bard sagt, wohin er zielen soll.

Im Gegensatz zur psychologischen Betrachtung, die die Vollkommenheit eher als einen erarbeiteten und nicht als einen angeborenen Zustand ansieht, zeigen uns die Heldenbücher, die wir hier betrachten, den älter und vollkommen gewordenen Helden als ein Geschöpf, das in gewisser Weise kindlicher ist als ein Kind. Im Falle von Bard drückt sich dies nur symbolisch durch seinen Pfeil aus, weiter durch seine königliche Abstammung und seine Fähigkeit, die Sprache der Vögel zu verstehen (die seinem Geschlecht eigen ist). In Gwydion erkennen wir es (im Gegensatz zu Taran) an seinem mangelnden Ehrgeiz, seinen königlichen Ahnen und seiner *erworbenen* Fähigkeit, die Sprache aller lebenden Geschöpfe zu verstehen. Im Zusammenhang mit seiner Gefangenschaft sagt er:

> „Ich hielt ihr stand, und am Ende wußte ich vieles, das mir davor verborgen geblieben war ... es genügt, wenn du weißt, daß ich das Wirken von Leben und Tod, von Lachen und Tränen, von Ende und Beginn verstehe. Ich sah die Wahrheit über die Welt und wußte, daß keine Ketten mich halten konnten. Meine Fesseln waren so leicht wie Träume. In dem Augenblick schmolz die Gefängniswelt dahin."

Sein Verstehen ermöglichte es ihm, vom wahrsagenden Schwein den geheimen Namen des Widersachers zu erfahren. Dieser mußte nur ausgesprochen werden, um ihn zu zerstören. Und aus dem gleichen Verstehen folgte er dem Vogel, der ihm zeigte, wo sein Widersacher war.

Deshalb bedurfte das Heldentum Gwydions keines Schwerts noch irgendeiner Handlung. Es war zunächst der Heldenmut, sich selbst trotz des Gefängnisses treu zu bleiben – und dann auch der Heldenmut, seine Strafe zu durchleiden. Danach war er bloß ein Träger des Wissens, was wiederum eine Macht in sich war. Er hatte gelernt, wie er von der Natur lernen konnte, und seine höchste Tat bestand einfach darin, den wahren Namen des gehörnten Königs anzubieten.

Vergleichen wir den heldenhaften Gwydion mit Taran oder Bard mit Thorin, so erkennen wir beim gereiften Helden eine

Einfachheit und Zurückhaltung im Handeln, die unmittelbar auf seinem Wissen und auch darauf beruhen, daß er am richtigen Platz ist – das heißt im Einklang mit seinem Schicksal. Während Bard ein Pfeil reicht (wenngleich er erst eingreift, als die Situation es verlangt), könnten die Zwerge diese Leistung nicht vollbringen – auch nicht mit mehr Wagemut, als sich auf den Seiten dieses Buches findet. Und während Gwydion ein machtvolles Wort reicht, könnte kein Taran – und auch keine Armee von Tarans mit all ihrem Tun – ihn ersetzen. Die Macht der großen Helden ist letztlich die Macht des Kleinen. In der Kleinheit liegt ihre Größe, denn *ihre Größe ist in der gewöhnlichen Wahrnehmung jener Mythos, der von denen, die nicht ihr Verständnis haben, um sie herum gewoben wird* – und das sind Krieger wie die Zwerge und ehrgeizige Träumer wie Taran.

Da diese Krieger und Träumer das Geheimnis der Mühelosigkeit nicht kennen, müssen sie durch schwere Prüfungen gehen, ihr mangelndes Wissen durch Taten wettmachen, bis sie durch ihre Prüfungen und Fehlschläge gewandelt werden.

Der Löwe in Lewis' Buch ist insofern ein noch vollkommenerer Held als Gwydion, als er nicht einmal mehr als jemand gezeigt wird, der sich im Lauf des Buches noch entwickelt, sondern als jemand, der von innen heraus vollkommen ist – so wie es dem Sohn eines Vaters entspricht, der sich jenseits des Geschehens befindet. Aufgrund dieser natürlichen bzw. fundamentalen Richtigkeit erkennen wir in ihm auch eine Passivität gegenüber dem Wirken höherer Gesetze, wie sie auch das Merkmal des göttlichen Kindes und des Vollkommenen ist. Derartige Gesetze sind hier die eines „tieferen Zaubers, als es noch keine Zeit gab", und seine Passivität ist seine *Passion*. Denn gemäß diesem Zauber aus „der Stille und Dunkelheit, bevor die Zeit noch anbrach ... zerbrach die Tafel, und der Tod selbst begann rückwärts zu wirken, wenn ein williges Opfer, das keinen Verrat begangen hatte, anstelle eines Verräters getötet wurde".

Der Löwe von C. S. Lewis greift ganz offensichtlich das christliche Thema und das Thema früherer Mythen von Tod und Auferstehung wieder auf. Hier liegt die Heldentat nicht im bloßen Todesrisiko, sondern im Tod selbst.

Die Akzeptanz des Todes und die Aufopferung des vollkommenen Helden ist überhaupt kein Opfer, da der Löwe wie das göttliche Kind das Geheimnis der Leere und des Nicht-Seins kennt. Er weiß, daß „der Tod rückwärts wirken wird" – und man könnte sagen, daß in diesem Wissen seine Art des Lebens liegt. Indem er sich selbst ohne Anhaftung dem Tod hingibt, wird er auferstehen.

In Lewis' Darstellung des Löwen finden sich alle Elemente des göttlichen Kindes mit der einzigen Ausnahme, daß der Löwe gemäß Lewis' vorherrschend patriarchalem Stil in königlicher Form in Erscheinung tritt. Der Löwe ist ein *Gebender der Liebe*, dem die *Schönheit* des Frühlings folgt. Er ist ein *Freund aller Tiere* und selbst ein Tier. In seiner *Hingabe an den Tod* wird er von der Hexe als *lächerlich* angesehen – und der Autor vermittelt uns sein Verständnis von dessen Handeln und Tun interessanterweise, indem er von einem *Großen Narren* spricht. Das Motiv der Macht des Kleinen liegt in diesem Fall im Tod selbst, und in seiner Beschreibung finden wir unter den vier „Heldenbüchern" möglicherweise den einzigen Hinweis auf Traurigkeit. Wie im Fall Tistous, des kleinen Prinzen oder der Spinne beruht diese Traurigkeit auf der Wertschätzung von Wärme und Nähe und auf der freiwilligen Entscheidung für den Abschied:

Sein Schwanz und sein Kopf hingen weit nach unten, als er langsam dahinschritt, als sei er sehr, sehr, sehr müde ...

... Ich bin traurig und einsam. Legt eure Hände auf meine Mähne, so daß ich eure Nähe spüren kann, und laßt uns so gehen ...

Und beide Mädchen weinten bitterlich (obwohl sie gar nicht wußten, warum). Sie klammerten sich an den Löwen und küßten seine Mähne und seine Pfoten und seine großen, traurigen Augen.

In den meisten Heldenbüchern – wie auch in unseren vieren – gibt es noch eine weitere Figur, die das Konzept eines aktiven, strebenden Dranges mit einer empfänglichen, annehmenden Lebenshaltung verbindet. Es handelt sich dabei um den Zauberer, den weisen alten Mann, der als Führer hinter dem Helden steht oder ihm an einem bestimmten Punkt des Abenteuers einige wichtige Hinweise gibt. Wie schon früher erwähnt, können das Wissen und die Macht des Helden ihm durch seine angeborene Natur und Herkunft (eine Variation der Idee von Gottes Sohn) zukommen, er kann sie durch Prüfungen erlangen, oder sie können ihm verliehen werden.

Im letzteren Fall stammt dieses Wissen entweder aus der Natur (das heißt von Tieren oder Naturgeistern)* oder von einem Menschen, dem die Geheimnisse der Natur zugänglich sind – von einem Weisen, einem Zauberer oder einem Lehrer. Genauer betrachtet sind dies keine Alternativen, sondern Aspekte der Heldengeschichte, die gemeinsam auftreten und miteinander verbunden sind. So besteht zum Beispiel ein typischer Fall darin, daß der weise Mann den vorherbestimmten Helden in ein

* Genien, Dschins, Elementargeister und Ähnliches stellen einen Kompromiß zwischen beiden Bildern dar. Sie können die Natur und die Erde selbst oder menschliches Wissen personifizieren.

Abenteuer führt, wobei dieser durch seine Kniffe lernt, für die Kräfte der Natur empfänglich zu werden, was ihn wiederum weiter führt. In Das *Schwert im Stein* ist zum Beispiel Merlin Warts Lehrer, der seinen Schüler in verschiedene Tiere verwandelt, so daß er durch seine persönliche Erfahrung etwas über das Leben lernen kann. In *Taran und das Zauberschwein* erscheint der weise alte Mann in Form eines alten Onkels, eines Professors, in dessen Haus das Abenteuer stattfindet und der nur wenig eingreift, weil die Führer zu den Abenteuern meist Tiere sind – zuerst ein Vogel und dann die Biber. Gandalf führt die Gruppe in *Der Hobbit* ebenfalls auf ihrer Reise, indem er ihr eine Landkarte und einen Schlüssel gibt und ihr hilft, die Unterstützung von Beorn (dem Bärenmenschen und Freund der Tiere) zu erlangen. Nach seinem Verschwinden fungieren jedoch nur mehr die Tiere als ihre Helfer.

Die Rolle des weisen Mannes ist die eines Vermittlers zwischen dem unreifen Helden und dem Reich der Natur, mit dem er gelegentlich in direkten Kontakt treten wird. Dies wird am deutlichsten in *Taran und das Zauberschwein* durch Medwyn vermittelt, „der die Herzen und die Art aller Geschöpfe von Prydain versteht".

So wie das wertvollste Wissen, nach dem der Held in diesem Buch sucht und mit dem er das Böse besiegen will, von einem Schwein erlangt werden muß, ist auch der weiseste Mensch einer, der in der Gesellschaft von Tieren lebt, die er liebt und schützt. Dieser Mann, der in einem versteckten Tal lebt, ist kein geringerer als Noah oder Utnapischtim in walisischem Gewand.

> „Dallben", sagte Taran, „... brachte mir bei, daß Nevvid Nav Neidion vor langer, langer Zeit ein Schiff

> baute und von jedem lebenden Geschöpf ein Paar mit sich nahm, als die schwarzen Wasser Prydain überfluteten. Als die Wasser schwanden, setzte das Schiff auf – kein Mensch weiß wo. Die Tiere, die wieder sicher an Land kamen, erinnerten sich jedoch, und auch ihre Jungen vergaßen es nie. Und hier“, sagte Taran und zeigte auf die Hügel, „sehe ich ein Schiff, das weit vom Wasser entfernt ist. Gwydion nannte dich Medwyn, aber ich frage mich ...“

Medwyn erscheint ausschließlich in einer wohlbekannten archetypischen Gestalt – „eine riesige, feierlich gekleidete Figur“ ... „der Mann hob seinen Arm und sprach einen Befehl aus“. Tiere dienen ihm, und er dient den Tieren. Er lebt in einem Tal, das kein menschliches Wesen findet und das an den Garten Eden erinnert. Nur die Tiere wissen, wie sie dorthin gelangen, und sie gehen hin, wenn sie in Gefahr sind oder trauern. Taran konnte das Tal betreten, weil *er sich von seinem Pferd führen ließ, als er es nicht suchte*. Die Idee, daß Taran von einem Pferd in Medwyns Tal geführt wird, ist von ähnlicher Bedeutung wie die Bemerkung des Doktors in *Wilbur und Charlotte*, die schon früher in diesem Buch zitiert wurde: „Vielleicht würden die Tiere mehr sprechen, wenn die Menschen weniger redeten.“

Beides deutet auf eine empfängliche Haltung hin, die durch die Stille des Ego entsteht, durch die die Weisheit einer tieferen Seinsebene berührt werden kann. Die gleiche Idee zeigt sich in der irischen Legende von Conn-eda, in der sich der Held nicht nur von seinem Pferd tragen läßt, sondern beide auch noch einem eisernen Ball folgen, der vor ihnen herrollt. Durch die Wahl von etwas Unbelebtem anstatt eines Tieres wird die Hingabe des Ego an gewissermaßen „niedrigere“

Aspekte der Psyche noch mehr betont. In seinem Kommentar über dieses Bild in *Abenteuer und Fahrten der Seele* bemerkt Heinrich Zimmer:

> Der Ball folgt der Schwerkraft und rollt so ins Zentrum aller Dinge, ins Märchenreich der universellen Mächte, zu Gottes Herz ... er folgt dem allgemeinsten aller Gesetze – und macht dieses somit sichtbar –, dem Gesetz, das die Bewegung der Himmelskörper kontrolliert, dem Gesetz, das den Orbit jeder einzelnen Sphäre in genauer Übereinstimmung mit dem Gewicht ihrer Masse ausrichtet, und in dieser Sphäre in genauer Übereinstimmung mit dem Gewicht ihrer Masse – und das in einer Art und Weise, daß die Erde unfehlbar die Sonne umkreist und der Mond die Erde.

Sich wie der Held Conn-eda gehen lassen zu können, sich vertrauensvoll nach dem Grundgesetz zu richten, das dem eigenen Gewicht seinen geheimen Sinn gibt, und das dennoch überall wogt – in der Harmonie der Sphären, als Ursprungsmelodie des All-Einen, als

> singendes Zusammenspiel der Planetenbrüder mit der donnernden Bewegung der Sonne in den ewigen Hymnen des innersten Herzschlags und im Kreislauf des Organismus der Welt – da löst sich alles mit einem Schlag. Das bedeutet, sich auf den ungeheuren Rhythmus des Universums einzustimmen und sich mit ihm zu bewegen. Das bedeutet, dem blindesten, dumpfsten, stummsten Impuls – der einfachen Schwerkraft – zu folgen und dennoch ins Zentrum aller Dinge gezogen zu werden: zu dem Punkt, um den herum alles kreisen muß, weil er einfach seinen Frieden behält.
>
> *(Abenteuer und Fahrten der Seele)*

Friede ist das herausragende Kennzeichen von Medwyns Tal und seiner eigenen Persönlichkeit.

„Es ist eine Reise, die ich gerne beenden möchte“, sagte Taran. „Es gibt Zeiten, da fürchte ich, ... nicht mehr zu sehen.“

„Es ist dem Menschen nicht gegeben, das Ende seiner Reise zu kennen“, antwortete Medwyn. „Es könnte sein, daß du nie zu den Orten zurückkehrst, die dir am wichtigsten sind. Aber wie kann das wichtig sein, wenn das, was du tust, im Hier und Jetzt liegt?“

„Ich glaube“, meinte Taran sehnsuchtsvoll, „wenn ich wüßte, daß ich nicht in meine alte Heimat zurückkehren kann, würde ich gerne in diesem Tal bleiben.“

„Dein Herz ist noch jung und nicht ausgebildet“, sagte Medwyn. „Wenn ich aber richtig darin lese, bist

du einer der wenigen, die ich hier willkommen heißen würde. Wenn du möchtest, kannst du also tatsächlich bleiben. Du kannst deine Aufgabe doch sicherlich deinen Freunden übergeben."

„Nein", sagte Taran nach einer langen Pause. „Ich habe sie aus freien Stücken übernommen."

„Wenn das so ist", antwortete Medwyn, „kannst du sie auch aus freien Stücken wieder abgeben."

Taran schien es, als ob aus allen Teilen des Tales Stimmen kämen, die ihn zum Bleiben drängten. Die Tannen flüsterten von Ruhe und Frieden, die Seen sprachen vom Sonnenlicht, das ihre Tiefen durchflutete, die Ottern freuten sich an ihrem Spiel. Er wandte sich ab.

„Nein", sagte er, „ich habe meine Entscheidung schon viel früher getroffen."

„Dann", antwortete Medwyn sanft, „gestehe ich dir all das zu, was du mir erlaubst, dir zuzugestehen. Einen guten Schlaf. Schlafe gut."

Medwyns Weisheit steht in unmittelbarer Verbindung mit der Weisheit des göttlichen Kindes. Was er Taran beibringt, ist – wie der folgende Ausschnitt beweist – nichts anderes als die Macht des Kleinen, der Dienst an allen Geschöpfen und das Trugbild des „Bösen":

Du würdest ihn sehr kränken, wenn du ihn jetzt ablehntest. Gurgis Pech ist, daß er im Augenblick weder das eine noch das andere ist. Er hat die *Weisheit der Tiere* verloren und hat noch nicht zum *Lernen der Menschen* gefunden. Es würde ihm sehr viel bedeuten, wenn er etwas Sinnvolles tun könnte ... ich dränge dich wirklich, ihn zu nehmen. Vielleicht findet er ja auch seinen ganz eigenen Weg, dir nützlich zu sein. *Weigere dich nicht, Hilfe zu leisten, wenn sie vonnöten ist, aber weigere dich auch nicht, sie anzunehmen, wenn sie dir angeboten wird"*, fuhr Medwyn fort. „Weißt du, Gwythyr, der Sohn Greidawls, *lernte das von einer lahmen Ameise.*

Nachdem er die Geschichte von der lahmen Ameise erzählt hatte, fuhr er weiter fort:

Ich habe die Menschen studiert. Ich habe gesehen, daß ihr wie schwaches Schilf allein am See steht. Ihr müßt lernen, euch selbst zu helfen, aber ihr müßt auch lernen, einander zu helfen. Seid ihr nicht alle lahme Ameisen?

An einer anderen Stelle sagt er:

„Jedes lebende Wesen verdient unseren Respekt, sei es nun demütig oder stolz, häßlich oder schön."

„Das würde ich aber nicht über die Gwythaints sagen", antwortete Taran. „Mit diesen unglücklichen

> Geschöpfen habe ich nur Mitleid“, sagte Medwyn. „Vor langer Zeit waren sie einmal so frei wie Vögel, sanft und vertrauensvoll. In seiner List zog Arawn sie zu sich und brachte sie unter seine Herrschaft ... die Gwythaints mußten unter ihm schreckliche und unsagbare Qualen erleiden. Jetzt dienen sie ihm unter seiner Schreckensherrschaft. So wird er trachten, jedes Tier in Prydain zugrunde zu richten – wie auch die menschliche Rasse. Das ist einer der Gründe, warum ich in diesem Tal bleibe. Hier kann Arawn ihnen keinen Schaden zufügen.“

Die Gwythaints waren Vögel mit gebogenen Schnäbeln und gnadenlosen Krallen. Man bezeichnete sie als die Augen von Annuvin, die Spione des Königs dieses Todeslandes. Medwyn reagierte auf sie in ganz anderer Weise als Gwydion, der Held. „Ein Schwert könnte ihnen antworten“, hatte er Taran früher erzählt. Medwyn wollte Taran mit seinem Mitleid jedoch in einer Weise beeinflussen, die sich für das Abenteuer als entscheidend herausstellen sollte. Nachdem Taran das Tal verlassen hatte, sollte er einen jungen, verwundeten Gwythaint finden und ihn gesund pflegen, statt ihn zu töten. Nachdem der Vogel wieder hergestellt war, flog er fort, um dem Helden den Aufenthaltsort des gehörnten Königs mitzuteilen. Die Bedeutung der ganzen Episode ist offensichtlich, daß es lohnt, Böses in Gutes zu verwandeln und daß jenseits von rein moralischen oder sentimentalen Gründen das Prinzip der Liebe *wirkungsvoll* ist.

Die gleiche Idee, die in *Tistou* das zentrale Thema ist, erscheint hier also als ein Faden in einem weitläufigen Netz – zwar unbedeutend in seiner Erscheinung, aber höchst bedeutend in seinem Widerhall. Wäre Medwyn nicht gewesen, so hätte Taran seinen Gefährten erlaubt, den Gwythaint zu töten und wäre somit selbst getötet worden, denn Gwydion, der von dem

Vogel geführt worden war, kam genau in dem Moment, als der gehörnte König mit seinem Schwert über ihm stand.

Medwyn ist wie Gwydion ein Retter, jedoch von entgegengesetztem Typus. Seine Macht liegt nicht in der *Zerstörung des Bösen*, sondern in seiner *Liebe jenseits von Gut und Böse*.

Seine Macht liegt in der Fähigkeit, Wesen jenseits von Gut und Böse zu verstehen, „das Herz jeder Kreatur" zu kennen – er strahlt die Kraft eines Friedens aus, wegen der ihn die aufsuchen, die in Gefahr sind. Und so wie die Macht des Hobbits in seiner Unsichtbarkeit lag (die er durch seinen Zauberring erlangte), lag die Macht von Medwyns Tal, das für das Böse unzugänglich war, darin, daß niemand seinen Eingang finden konnte. Mit anderen Worten, wir sind hier wiederum mit der Macht der Leere, der Egolosigkeit und der Empfänglichkeit konfrontiert – einer Macht ohne Macht, die darin liegt, das Leben so sein zu lassen, wie es ist, und der sich in ihrer Selbstlosigkeit nichts entgegenstellen kann.

Im Gegensatz zum Krieger, der einen Feind verfolgt, ist Medwyn in seinem Tal, das kein Feind betreten kann, still – denn sein Friede liegt jenseits des Konzepts der Feindschaft und kann von denen, die von der Frucht von Gut und Böse gegessen haben, nicht gesehen werden. Das Tal schützt sich selbst mit der Unsichtbarkeit dessen, das jenseits der Unterscheidung liegt. Wer sein eigenes Wissen aufgibt und seinem Tier folgt, kann seinen Frieden finden.

Früher in diesem Buch wurde schon angemerkt, daß die Reise des Helden von einem „Hier" zu einem „Dort" führt und dann zurück in die Welt – im Gegensatz zur Reise des göttlichen Kindes, das die Welt aus einem Jenseits betritt, durch sie hindurch reist und dann zu seinem fernen Herkunftsort zurückkehrt.

Nach diesem genaueren Blick auf die Reise des Helden auf den vorangehenden Seiten erkennen wir, daß auch er von einem Jenseits kommt und daß auch er eine Führung, eine magische

Waffe oder ein Elixir erhält. Er ist wie ein Königssohn, der seine Herkunft vergessen hat, unter Bauern aufwuchs, in einen Fluß geworfen oder in der Wildnis ausgesetzt wurde. Er ist für eine Rolle vorgesehen, die er nicht erahnt, bis ein wissender Mensch ihn mit den Kräften seines eigenen Schicksals in Kontakt bringt. Der Held ist also ein göttliches Kind, das sein ursprüngliches Wesen vergessen hat, es jedoch wieder erlangt und sich im Laufe seiner Suche seiner Identität erinnert.

Das Thema des verlorenen Sohnes mit seinem Kreislauf von Fall und Wiedervereinigung und dem Heldenthema von Suche und Wiederkehr scheint nunmehr zwei Facetten einer einzigen Geschichte zu bilden. Mehr oder weniger komplette Darstellungen vom Kreislauf des kindlichen Helden, die seine göttliche Herkunft, seinen Niedergang, seinen Sieg im Angesicht des Gegners, seine Passion und seinen Dienst an der Menschheit zeigen, finden sich vermutlich in jeder großen Kultur. Osiris, Dionysos und Christus waren jeder für sich tatsächlich der Same für eine Kultur und ihre Legenden, der Ursprung jeden Dramas. Im Festlied des Dionysos lag der Ursprung des griechischen Dramas, und die mittelalterlichen Mysterienspiele, die das Leiden Christi darstellten, bildeten den Beginn des Dramas in der christlichen Welt.*

Der kindliche Held muß jedoch nicht individualisiert werden, denn er steckt als Möglichkeit in jedem einzelnen. Sowohl der heldenhafte als auch der kindliche Aspekt eines einzigen Kreislaufes lassen sich etwa im Hymnus der Seele (Apokrypha im Neuen Testament) oder in der folgenden Sufi-Version erkennen, die man auch als einfache Fabel bezeichnen könnte:

> In einem Land, in dem alle Menschen wie Könige waren, lebte einst eine Familie, die ganz und gar

---

* Das Wort „Tragödie" kommt von Tragos, der Ziege, jenem Opfertier, das Dionysos symbolisiert.

zufrieden war, und ihre Umgebung war so, daß keine menschliche Zunge sie mit Worten beschreiben konnte, die wir heute kennen. Dieses Land namens Sharq erschien dem jungen Prinzen Dhat durchaus befriedigend – bis seine Eltern eines Tages zu ihm sagten:

„Geliebter Sohn, es ist in unserem Land so Sitte, daß jeder königliche Prinz, sobald er ein bestimmtes Alter erreicht, sich auf den Weg macht, um eine Prüfung zu bestehen. Auf diese Weise soll er sich auf die Königswürde vorbereiten, so daß er sowohl in seinem Ansehen als auch tatsächlich – durch Aufmerksamkeit und Bemühen – ein Maß an Manneswürde erreichen soll, das anders nicht zu erlangen ist. Dies wurde schon vom Anfang aller Zeiten an so festgelegt, und so wird es auch bis zum Ende bleiben."

Prinz Dhat bereitete sich also auf seine Reise vor, und seine Familie versorgte ihn mit soviel Nahrung, wie sie ihm nur geben konnte: Es war eine spezielle Nahrung, die ihn während der Zeit des Exils ernähren sollte – zwar von geringem Umfang, aber von unbegrenzter Menge.

Sie versorgten ihn auch mit einigen anderen Dingen, die hier nicht erwähnt werden können, die ihn jedoch – wenn sie richtig angewandt wurden – schützen sollten. Er mußte nämlich in ein bestimmtes Land namens Misr reisen, und dort mußte er sich verkleiden. So bekam er die Verkleidung für die Reise und ein Gewand, das seiner neuen Position entsprach. Es war dies ein Gewand, das man kaum einem Menschen von königlicher Herkunft zuschreiben würde. Seine Aufgabe bestand darin, aus Misr ein bestimmtes Juwel zurückzubringen, das von einem schrecklichen Monster bewacht wurde.

Als ihn sein Führer verließ, war Dhat allein. Nach nicht allzu langer Zeit begegnete er jedoch einem anderen Reisenden, der in ähnlicher Mission unterwegs war. Zusammen gelang es ihnen, die Erinnerung an ihre Herkunft zu bewahren. Wegen der Luft und der Nahrung in diesem Land legte sich jedoch bald eine Art von Schlaf über das Paar, und Dhat vergaß seine Mission.

Jahrelang lebten sie in Misr, verdienten ihren Unterhalt und übten einen bescheidenen Beruf aus, wobei Dhat offensichtlich überhaupt nicht bewußt war, was er tun sollte. Durch ein Mittel, das ihnen vertraut war, das andere Leute jedoch nicht kannten, erfuhren die Einwohner von Sharq von Dhats betrüblicher Lage, und sie halfen zusammen, um Dhat zu befreien und ihn zu befähigen, seine Mission weiter zu verfolgen. Der Prinz erhielt auf eigenartigem Weg eine Botschaft folgenden Inhalts: „Wach' auf! Denn du bist ein Königssohn, der wegen eines bestimmten Unternehmens hierher geschickt wurde, und du mußt zu uns zurückkehren."

Die Botschaft rüttelte den Prinzen auf. Er fand den Weg zum Monster und ließ es durch einen besonderen Klang in einen tiefen Schlaf versinken. So konnte er das unschätzbare Juwel, das es bewacht hatte, an sich nehmen.

Nun folgte Dhat dem Klang der Botschaft, die ihn erweckt hatte, wechselte wieder in die Kleider seines eigenen Landes und machte sich unter der Führung des Klanges auf den Weg nach dem Land Sharq. In erstaunlich kurzer Zeit erblickte Dhat das Land seiner Väter und war zu Hause. Diesmal konnte er durch seine Erfahrungen jedoch erkennen, daß es von größerer Pracht war als je zuvor und daß er dort sicher war. Ihm wurde klar, daß es der Ort war, an den die Leute von Misr sich undeutlich als Salamat erinnerten. Das war ihr Wort für Unterwerfung, doch er erkannte jetzt, daß es Friede bedeutete.

(Idries Shah: *Geschichten der Derwische*)

Noch mehr als die Geschichte des verlorenen Sohnes in den Evangelien betont diese Legende die positiven Aspekte dieser Welt – nicht nur als Ort, von dem man zurückkehren kann, sondern auch als Ort, an dem es Schätze zu finden gibt. Und mehr als die üblichen Heldengeschichten betont sie die innere Göttlichkeit des Menschen: „Ein Ort, an dem alle Menschen Könige waren." Es ist dies eine Geschichte, die den Menschen als beides zeigt – vollkommen und zu vervollkommnend. Der Mensch ist von Geburt an ein König und muß sich doch einer Prüfung unterziehen. Die erste Aufgabe einer solchen Prüfung ist es, sich an seine Absicht erinnern zu können. Wenn er die vergißt, ist er kein göttliches Kind mehr, sondern ein Möchtegern-Held, der in einem fremden Land von Pflegeeltern aufgezogen wird. Dann kann er jedoch erinnert werden, und sein ursprüngliches Wesen und seine Kräfte werden ihm wieder bewußt. Die Heldentat ist – so wie sie in der Geschichte präsentiert wird – sehr sanft, denn es reicht aus, bestimmte Worte auszusprechen, um das Monster einzuschläfern. Es ist so wie die Erinnerung des Helden an sein Ziel ein Akt der Bewußtwerdung. Sobald die „magischen" Worte ausgesprochen sind, kann kein Drache mehr dem Zugang des Menschen zur Schönheit dieser Erde im Wege stehen. Das Geheimnis, das er in die Welt bringt – und das er vielleicht vergessen haben mag, an das er sich jedoch wieder erinnert, läßt sein Leben wie Medwyns Garten zu einem Raum werden, der von „bösen" Mächten nicht betreten werden kann.

Dennoch ist die Geschichte weniger optimistisch als die von Tistou, dem kleinen Prinzen oder der Nixe. Das göttliche Kind vollendet in den Geschichten, die wir analysiert haben, eine Aufgabe in der Welt, bereichert sie und kehrt bereichert zu seinem Ursprung zurück. Es braucht jedoch keinen Bann, um ein Monster in Schach zu halten. Seine bloße Anwesenheit stellt vielleicht bereits einen solchen Spruch dar. Sie ist so wirksam, daß der Gedanke an Gefahr nicht einmal aufkommt.

Die Sufi-Geschichte wird dagegen aus einem Blickwinkel erzählt, aus dem sich in dieser Welt nicht viele Menschen finden lassen, die dem Verschlingen durch das Monster entkommen konnten. Mit anderen Worten – es gibt nicht viele, die den Schatz dieser Welt bergen können. Wenn der Mensch statt Honig und Perlen auf seinem Planeten Leere, Leid und Gleichgültigkeit findet, so wurde er vermutlich durch den Riesen oder den Drachen davon abgehalten. Es könnte sich bei diesem Monster durchaus um eine Illusion handeln, die sich durch ein Machtwort auflösen ließe, die Wirkung ist jedoch die eines realen Hindernisses. Der Bann könnte wie im Falle Gwydions auch der Name des Monsters selbst sein, das Wissen um sein innerstes Wesen, das sich von dem des Helden nicht unterscheidet. Vielleicht sind die Zauberworte wie eine Erinnerung daran, daß der Drache in seinen eigenen Namen hineingesogen wird; daß er als „Monster" einschlafen und als „Schatz" aufwachen wird; daß es keinen „anderen" gibt. Aus diesem Wissen heraus sagt Medwyn, daß „jedes Lebewesen unsere Achtung verdient". Denn wenn wir keinen „anderen" sehen, sehen wir auch kein Monster, sondern nur den einen Schatz des Lebens in unterschiedlicher Gestalt. So wird dem Helden in der Sufi-Legende auch abverlangt, sein Wissen um die Einheit wieder zu erlangen, anstatt es zu vergessen. Er ist vollkommen, doch wie ein Schwert, das geschliffen werden muß, wird seine Vollkommenheit im Kampf mit den zerstörerischen Mächten gefestigt – Mächte, die jedoch nicht zerstörerisch sind, wenn sie nicht so empfunden werden. Der Held wird der Versuchung unterworfen, an die Versuchung zu glauben. Seine Tugend wird geprüft, um zu erkennen, ob er darauf verfällt, seine Tugend von der aller anderen Dinge zu unterscheiden.

„Wie weit reicht der Horizont von dem, was du als Eines erkennen würdest?“ So lautet die Prüfung. „Wie weit reicht dein Licht in die Dunkelheit hinein?“ – Jede Grenze wäre da ein Fehler.

Man könnte sagen, daß der Held in dem Maß Mut braucht, in dem er die Macht seines Bannes anzweifelt, oder – mit anderen Worten – er wird seiner Furcht in dem Maß trotzen müssen, in dem er sich – aufgrund seines Vergessens der Realität – fürchtet. Doch selbst wenn wir an den Helden mit seinem absoluten Glauben an sein Zauberwort denken – dem absoluten Vertrauen, daß alles Anderssein schwinden wird, sobald er es der Glut des verborgenen Namens aussetzt, so gibt es doch eines, das auch er tun muß: von „hier“ nach „dort“ zu gehen. Sogar wenn die Zauberkraft des Helden so groß ist, daß er gar kein Heldentum braucht, muß er doch zum Schatz reisen. Sein Machtwort ist seine kontemplative Tugend. Bevor er sie jedoch anwenden kann, muß er die aktive Tugend seiner Beine anwenden. Das Wissen um die Einheit läßt sich nur in der Vielfalt prüfen, und die Einheit wird umso sichtbarer, je größer die Verschiedenheit ist.

Für jemanden, der wie die Nixe zwischen zwei Welten steht – auf dem Land, aber aus dem Meer –, liegt in der Unterscheidung der Beweis für die Einheit und damit der Schatz.

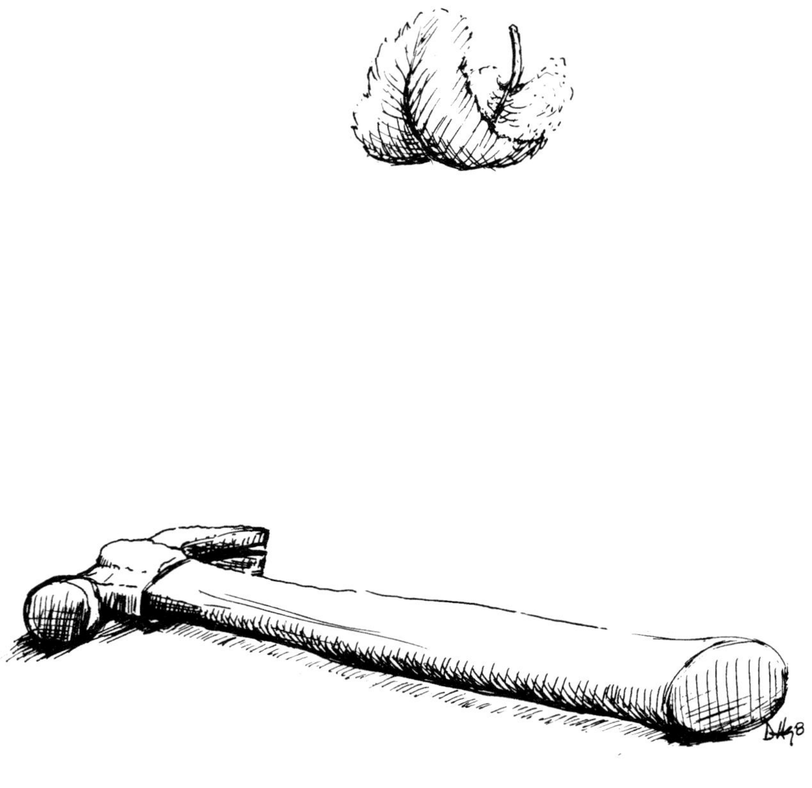

Nachwort

Bis jetzt dürfte klar geworden sein, daß die Haltungen, die im göttlichen Kind und im Helden Gestalt annehmen (Haltungen, die sich im kindlichen Helden mehr oder weniger gegenseitig annähern), nicht nur literarische Positionen sind, sondern auch zwei verschiedene Lebenshaltungen, die sich in allem und jedem ausdrücken können. Lassen wir hier also die Bücher beiseite, und sehen wir uns an, wie sich die Sichtweisen, die sich auf den vorangegangenen Seiten widerspiegelten, im Leben insgesamt ausdrücken.

Eine der beiden Haltungen haben wir in ihrem literarischen Ausdruck als „göttliches Kind“ bezeichnet. Im Leben ist es jedoch nicht das Kind, das dem göttlichen Kind entspricht und eine Sichtweise entwickeln kann, die wir mit dieser Figur verbinden. Das Kind sieht nicht sich selbst. Die Wertschätzung des Kindes ist ein Geschenk der Mutter – sowie die Wertschätzung der Mutter ein Geschenk des Kindes ist. Die Art von Literatur, die sich um die Figur des Kindes herum rankt, ist matriarchal – nicht nur, weil sie in den Werken von Frauen besonders stark vertreten ist, sondern auch, weil man sie als den weiblichen Aspekt des Mannes beschreiben kann. So wie die Mutter während der Schwangerschaft auf das Wirken der Natur vertraut, vertraut die weibliche Haltung des Mannes auf all das, was sich aus dem Inneren heraus von selbst entwickelt. Im Gegensatz dazu sprechen wir von einer patriarchalen Haltung des Mißtrauens gegenüber allem, das sich von innen heraus und von selbst entwickelt. Die patriarchale Haltung des Menschen vertraut nicht auf Entwicklung, sondern auf Anstrengung. Das heißt, sie vertraut nicht auf die Natur, die in ihm oder aus sich selbst heraus wirkt, sondern sie vertraut eher auf sich selbst als auf die Natur. Diese Haltung baut nicht auf Empfänglichkeit, sondern auf Initiative, nicht auf Kultivieren, sondern auf Erzeugen und Gestalten, nicht auf Akzeptieren, sondern auf Kontrolle und auf die Veränderung der Realität. Die patriarchale Haltung glaubt nicht, daß die Natur (auch die menschliche Natur) notwendigerweise den Kriterien an Güte entspricht, die unabhängig von ihrem Schaffen aufgestellt werden. Sie tut das nie. In der matriarchalen Haltung sind Güte und menschliche Natur deckungsgleich, weil diese aus der Haltung der Liebe heraus um ihrer selbst willen gut ist. In der patriarchalen Haltung ist Güte ein Ideal, ein theoretisches Konzept, zu dem man durch Herausarbeiten aus der Erfahrung und durch Abstraktion gelangt. Und es ist das gedanklich gewonnene Ideal, das um seiner selbst willen geliebt wird, während die Natur nur einem bestimmten Zweck dient.

Aus einem matriarchalen Blickwinkel sind alle Dinge genau das, was sie sind, und entsprechen ihrem eigenen Maß. Aus patriarchaler Sicht sind alle Dinge ein unvollkommenes Spiegel-

bild einer Idee, unvollkommene Realisierungen ihrer Absicht. Daher wird der Mensch im ersten Fall als innerlich vollkommen gesehen, während ihm im zweiten immer etwas fehlt. Die Vorstellung von einem Prozeß der Vervollkommnung und Entwicklung entspricht in einem Fall also dem Wachstum und der Ausdehnung und im anderen Fall der Korrektur. Beide Gedanken finden ihren kulturgeschichtlichen Ausdruck einerseits in der Vision des Mahayana-Buddhismus, nach dem der Mensch grundsätzlich in Ordnung ist, und andererseits im Christentum, nach dem der Mensch grundsätzlich nicht in Ordnung ist, wie sich im Prinzip der Erbsünde zeigt. Besteht in ersterem spirituelles Wachstum und Erleuchtung darin, die eigene Buddha-Natur zu erleben und zu verstehen sowie zu erkennen, daß alle Wesen immer schon erleuchtet sind, so folgt das Wachstum im Raum des Christentums erst durch das Anerkennen der Sünde und durch Reinigung.

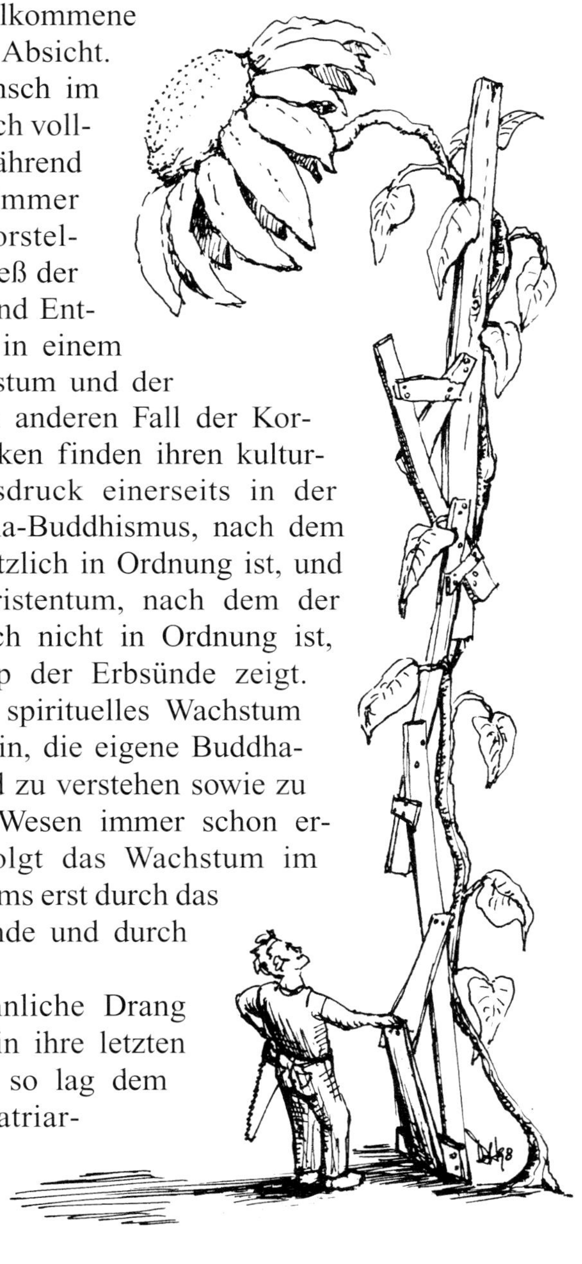

Bestand der männliche Drang darin, die Welt bis in ihre letzten Winkel zu erobern, so lag dem weiblichen und matriarchalen Aspekt daran, die Geschlossenheit des Mutterleibes in Form eines befestigten Heimes abzubilden. Strebt das Männliche nach Expansion wie der wachsende Trieb, so strebt das Weibliche nach Konzentration wie ein Samen. Mit Konzentration assoziiert man das Erzielen von Qualität wie mit der Expansion das Auswerten von Quantität. Konzentration strebt auch nach Tiefe, Expansion steht dagegen für Weite, Breite, Perspektive und Höhe, was wiederum Umfassen und Ausdehnung anzeigt und erlaubt. Im Streben nach Tiefe liegt ein Mehr des Gleichen – die Liebe zur Gleichheit, durch die Gleichheit sich paradoxerweise zur Vielfalt entwickelt (wie auch der in der Furche verborgene Same sich in eine neue Pflanze verwandelt). Im Streben nach Umfang führt dagegen das Nachdenken über die Vielfalt letztlich zur Anerkenntnis der Gleichheit.

Konzentration sucht nach der Essenz der Dinge und bringt diese Essenz zur Entfaltung. Zerstreuung findet die Essenz nicht im „Hier", zieht daher unbestimmt weiter in ein „Dort" und findet ihre Befriedigung in der Unterscheidung der Formen.

So gegensätzlich diese Haltungen auch scheinen mögen, scheinen sie doch auch voneinander abzuhängen – wie im Yin-Yang-Symbol, in dem Yin und Yang einander auch enthalten, im Herzen des jeweils anderen liegen und einander nähren. Der patriarchal ausgerichtete *Homo faber* hat die Welt erobert und sie mit Fabriken und Wolkenkratzern gefüllt. Doch wie groß seine Macht auch sein mag, der reine *Homo faber* kann nicht genießen. Der rein matriarchal ausgerichtete Mensch neigt dazu, das bloße Sein auch inmitten von Knappheit und Hunger zu genießen, und hätte die Erdoberfläche nie in unsere moderne Welt verwandelt. Und trotz der Tragödien von Zivilisationen haben wir doch das Gefühl, daß diese wie eine gigantische Blume sind, die es wert war, geschaffen worden zu sein – möglicherweise auch als Übergang zur wahren Frucht der Menschheit.

Wenn die Vielfalt, die durch die Heldenkraft des Menschen geschaffen wurde, die weibliche Wertschätzung für Gleichheit braucht, um genossen zu werden, so braucht die Wertschätzung des Gleichen – wie die Liebe des kleinen Prinzen für eine einzige Rose – eine eigenartige Art von Loslösung oder Bewußtsein vom Andersartigen im Hintergrund. So wie wir dazu neigen, Schönheit, der wir jeden Tag begegnen, nicht mehr wahrzunehmen, sind wir für das, was wir mit den Augen eines Fremden betrachten können, äußerst offen. Einige von uns schaffen es besser als andere, immer Fremde zu bleiben – so wie der kleine Prinz nie seine Herkunft von einem anderen Planeten vergaß und die Nixe nie ihren Ozean. Für solche Wesen hören die Dinge nie auf, Wunder zu sein, etwas, das ebenso gut nicht sein hätte können, ein Geschenk des Lebens, das auch nicht gegeben hätte werden können. Auf diese Weise ist die Andersartigkeit der Dinge und die Andersartigkeit von allem, was da ist, vor dem Hintergrund von Möglichkeiten eine Quelle der Fähigkeit, sich zu konzentrieren, ohne eines einzigen Aspekts der Welt müde zu werden. Kurz gesagt: Der Mensch wäre unfruchtbar, hätte er nicht beide Möglichkeiten, und sein Leben wird sich in dem Maß entwickeln, wie es ihm gelingt, ein Amphibium zu sein, das auf diese Welt mit den Augen der Dunkelheit blickt, auf die ihr Schein fällt, und in die Dunkelheit des Möglichen mit der Freude an der Welt.

Denn der Mensch ist der Jäger, der die Nixe liebt, die den Jäger liebt – und er lebt am erfülltesten, wenn seine inneren Gegensätze einander als Ergänzung umarmen können, anstatt einander im Widerspruch zu schwächen.

Anhang

CLAUDIO NARANJO interviewt LLOYD ALEXANDER, den Verfasser von *Taran und das Zauberschwein*

Naranjo: Letzten Abend erzählten Sie mir etwas sehr Interessantes – daß Sie nämlich durch das Schreiben verwöhnt werden. Sie machen es so gerne, daß Sie gar nichts mehr tun können, das weniger interessant ist. Und das ist einer der Punkte, über die ich gerne mehr erfahren würde. Ich glaube nämlich, daß das, was Sie uns über die Art der Befriedigung und des Vergnügens, das Sie daraus beziehen, sagen können, auch etwas über das Wesen des ganzen Prozesses zeigt.

Alexander: Nun ja, wissen Sie, ich stelle das Ganze nur sehr ungern auf die Basis von Vergnügen. Wie Sie ja nur zu gut wissen, ringe ich leider verzweifelt um diese Dinge, und das Vergnügen kommt erst einige Jahre später. Man kann also nicht sagen: „Das ist so ein tolles Gefühl und so ein wunderbare Sache, und ich will das jetzt die ganze Zeit machen". Es ist nicht immer eine glückliche Erfahrung.

Naranjo: Aber es muß doch eine Belohnung geben.

Alexander: Ja, ich versuche gerade herauszufinden, was es ist, und ich glaube – falls das Sinn ergibt –, ich habe irgendwie das Gefühl, daß ich da eine Arbeit tue, die meinem Naturell entspricht. Wissen Sie, es gibt jetzt eine größere – ich sage nicht eine völlige –, aber doch eine größere Übereinstimmung mit dem, was ich jetzt tue, als mit dem, was ich früher gemacht habe. Ich bin jetzt nicht uneins mit meinem Naturell. Ergibt das Sinn?

Naranjo: Sie folgen da einer Berufung.

Alexander: Ja, genau. Und trotzdem war es nicht so, daß ich die Bücher für Erwachsene nicht schreiben wollte. Mit anderen Worten, das war schon meine Sache, das war´s, was ich machte. Mir war aber nicht klar, daß es da noch tiefere Schichten gibt. Zumindest nicht ausdrücklich klar. Möglicherweise schon irgendwie, aber ich hatte nie damit gearbeitet.

Naranjo: Könnte man auch sagen, daß diese Bücher jetzt mehr von Ihnen ausdrücken?

Alexander: Ich glaube, das stimmt.

Naranjo: Mehr von dem, was Sie sind.

Alexander: Es ist aber eigenartig, denn einige der Bücher für Erwachsene – eines hieß *Meine Liebesgeschichte mit der Musik* und handelte von meinen Gefühlen für die Musik und meinen Erfahrungen damit. Es war autobiografisch. Und doch wurden diese anderen Dinge in gewisser Weise nicht berührt. Und das ist wahrscheinlich der Unterschied.

Naranjo: Das könnte also eine tiefere Autobiografie als eine beliebige Autobiografie sein?

Alexander: Ja, viel mehr. Viel mehr. Sagen wir so, das neue Buch – das, das ich gerade beendet habe – ist überhaupt keine mythologische Idee. Ich weiß gar nicht, wie ich es nennen soll. Es ist eine Phantasiegeschichte. Ich mag das Wort nicht allzu sehr, weil sich damit Vorstellungen verbinden, mit denen ich nicht übereinstimme. Fast so eine leichtgewichtige Sache. Ich weiß, daß das nicht so ist. Aber wenn Sie zum Beispiel zu einigen Leuten sagen: „Ich schreibe Phantasiegeschichten", dann ist die Reaktion oft: „Ach wirklich ... warum schreibt ein erwachsener Mann denn so dumme Märchen?" Das neue Buch leitet sich zum Beispiel nicht von einer Mythologie ab wie die vorherigen, und doch entspringt das ganze Werk der Phantasie. Das heißt, für mich ist es dasselbe Erlebnis. Das bedeutet *mir* sehr viel, und es fasziniert mich. Warum das so ist, darauf habe ich keine eindeutige Antwort.

Naranjo: Würden Sie sagen, daß Sie anfangs Mythen deuteten und durch Mythen inspiriert wurden und daß Sie jetzt Ihre eigenen Mythen machen?

Alexander: Ah, sehr gut! Ja. Das ist genau richtig ausgedrückt. Haargenau. Das ergibt für mich einen Sinn. Das ist genau das Gefühl. Und wie ich schon sagte, es scheint mir Schichten erschlossen zu haben, mit denen ich mich vorher nie beschäftigte.

Naranjo: Es freut mich, das bestätigt zu bekommen. Es interessiert mich auch, weil Ihr Buch für mich voll Weisheit ist. Ich würde gerne wissen, ob diese Weisheit in den Symbolen selbst enthalten ist und der Autor gar nicht weiß, was er sagt – oder ob er weiß, was er da ausdrückt.

Alexander: Das ist eine faszinierende Idee. Ich weiß es, aber doch nicht bewußt. Mit anderen Worten – ich habe das nicht kalten Blutes aus meinem Kopf heraus geschrieben. Was immer auch da war – und das ist sehr interessant –, schien sehr natürlich herauszukommen. Aber ich glaube, Sie wollen auf etwas Bestimmtes hinaus. Ist es nicht möglich, daß die Beschäftigung mit dieser Art von Material etwas in einem selbst entzündet, so daß es in gewissem Sinn tatsächlich mythologisches Rohmaterial oder Grundlage ist – oder wie immer Sie es auch nennen wollen –, das bestimmte Resonanzen hat und Dinge aus einem hervorbringt?

Naranjo: Wie ein Spiegel.

Alexander: Tatsächlich spricht Ruskin oder William Morris davon, daß frühere Völker versuchten, einiges davon künstlich herzustellen. Er erzählte, daß sie Ruinen plünderten, von deren Erbauern sie überhaupt nichts wußten, und doch hatten sie großartiges Material. Sie wußten nicht, womit sie es da zu tun hatten, und doch war das Material selbst so vorzüglich und stark. Vielleicht ist es also ein wenig von beidem. Auf jeden Fall muß aber die mythologische Idee etwas ausgelöst haben.

Naranjo: Was stand am Anfang? Was war die ursprüngliche Idee? In *Taran und das Zauberschwein*, das ich am besten kenne, erwähnen Sie zum Beispiel, daß Taran und Eilonwy ausschließlich Ihre eigene Erfindung sind. Was hat da Ihre Vorstellung angeregt ...

Alexander: Nun, bis auf ein bis zwei Ausnahmen sind sie tatsächlich alle erfunden. Das kam im Grunde so: Ursprünglich dachte ich, ich würde alles nur nacherzählen, und ich hätte die Originaltexte, die alle sehr verwirrend waren, und ich könnte einfach bestimmte Teile herausnehmen und sie wieder zusammensetzen – und all das wäre eine sehr einfache und geradlinige Arbeit. Ich betrieb meine Nachforschungen also vor diesem Hintergrund und nahm dabei zunächst bestimmte Figuren, Namen und Vorkommnisse wahr, bis ich herausfand, daß das so nicht funktionieren würde. Erstens aus technischen Gründen, weil das Material zu verstümmelt ist. Man kann es nicht einfach nur herausziehen und eine durchgängige moderne Geschichte daraus machen. Das allein ist schon eine schreckliche Arbeit – ich könnte das jedenfalls nicht machen. Einerseits schien es also schon technisch nicht machbar. Was aber wichtiger war – und das ist das Interessante an der Sache –, an einem bestimmten Punkt wurde mir etwas klar, das ich im Hinterkopf schon irgendwie gewußt haben muß. Und das war eine schwere Entscheidung, die mir auch Angst machte. Genau genommen ging es darum – wie Sie sagen –, alles wegzuwerfen, es zu vergessen und etwas Eigenes zu machen. Also sagte ich: „Gut, das mache ich. Aber ich nehme mir die Freiheit, all das herauszusuchen, was mich an kleinen Dingen anspricht – seien es Anregungen für die Geschichte, inhaltliche Ideen oder ein Fragment da und dort, ein Name, eine Figur, die in manchen Fällen aus einer Geschichte herausgenommen sind – vielleicht mit einigen Hinweisen darauf, woher sie kommen könnten." Mit anderen Worten, Gwydion, der Prinz, der große Held usw. kommt ursprünglich aus dem Originaltext, aus den Nachforschungen – allerdings mit großen Veränderungen. Denn eigenartigerweise war Gwydion im ursprünglichen Material eine ziemlich unangenehme Figur. Wenn Sie einige dieser Originaltexte lesen, so duldet er etwa stillschweigend, daß ein Freund einen Diener des Schlosses verführt. Mit anderen Worten, er ist eine ziemlich eigenartige Figur. Er ist überhaupt kein Held. Also sagte ich: „Gut, das ist mir egal. Mir gefällt der Name, und da ist eine kleine Idee, die ich vielleicht verwenden kann.“ Ich habe mir die Freiheit einfach genommen, und das war für mich dann auch sehr befreiend, daß ich mich nicht an irgendwelche Nachforschungen halten mußte. Ich übernahm das, was mir gefiel, und kümmerte mich nicht um das, was mir nicht gefiel. Und sobald ich das tat, stand es mir völlig frei, die Figuren und die Geschichte genau so zu entwickeln, wie ich wollte.

Naranjo: Erinnern Sie sich noch, wie Sie sich die Geschichte ausdachten? Hat sich das nach und nach entwickelt, haben Sie improvisiert? Oder gab es einen inhaltlichen Ausgangpunkt?

Alexander: Nein. Das kann ich Ihnen genau sagen, weil ich es nämlich nie vergessen werde. Als ich anfing, war die allererste Kindergeschichte ein Buch namens *Zeitkater*. Vielleicht können Sie einen Sinn dahinter erkennen, ich weiß nämlich nicht, warum ich Kinderbücher schreiben wollte. Das ist ja das Eigenartige, daß ich, nachdem ich zehn oder zwölf Jahre für Erwachsene geschrieben hatte und sehr bescheidene Erfolge hatte – kein großer Durchbruch, aber in Ordnung, kein Grund, es nicht zu tun –, einfach für Kinder schreiben wollte. Ich werde das nie verstehen. Das war sehr eigenartig und völlig irrational. „Das will ich als nächstes machen.“ Nun, es ist ja gut und schön, zu sagen, das will ich als nächstes machen, aber was machen Sie dann tatsächlich? Was genau? „Ah, Sie wollen ein Kinderbuch schreiben? Was wollen Sie den Kindern erzählen? Worum geht es da?“ Und wiederum sagte ich mir von einem recht erwachsenen Blickwinkel aus oder – sagen wir – aus einer intellektuelleren Sicht: „In Ordnung.“ Mir war einiges passiert. Ich habe Katzen im Haus – die gefallen mir sehr –, ich kenne sie und habe große Freude mit ihnen. Und einer meiner Lieblingskater kam immer so leise ins Zimmer, daß ich ihn gar nicht hereinkommen sah, und dann war er plötzlich da. Und ich sprach mit ihm, und gleich darauf war er wieder weg. Er stand auf und schlich sich sehr leise davon. Und so dachte ich, wie wäre es, wenn ich mir vorstelle, daß er im Bruchteil einer Sekunde in ein fernes Land reisen könnte. Er könnte in neun verschiedene Länder reisen, weil es doch heißt: „Katzen haben neun Leben." Und plötzlich begann sich da eine Struktur zu bilden. Ja. Eine Katze und ein Junge – und damit kann ich umgehen, weil ich Katzen kenne und mir zutraue, über sie zu schreiben – würden in neun verschiedene Länder in der Vergangenheit reisen. Und in jedem Land gäbe es für die Katze einen Grund, den Jungen mitzunehmen. Ich las also weiter. Es müssen an die fünfzig Bücher gewesen sein. Sie wissen, da führt eines zum anderen – wie wenn man ein Wort in einem Wörterbuch sucht. Und ich fand tatsächlich neun Länder, in die sie reisen konnten und die von Interesse wären. Zum Beispiel eines davon: Ich fand heraus, daß der Heilige Patrick kein Ire war. Er war *nicht* irisch, wie viele Leute denken; er war Waliser. Es bleibt dem Leser überlassen, ob das stimmt oder nicht, aber für meine Zwecke würde ich einmal annehmen, daß es so war. Und sein Name war Guter Kater. Also sagte ich: „Hey, das ist ein guter Grund, den Jungen und den Kater auf einen jungen Mann treffen zu lassen, der Guter Kater heißt." Und da Patrick als kleiner Junge von den Iren gekidnappt und als Sklave nach Irland gebracht worden war, dort einige Jahre in Sklaverei lebte und schließlich entkam, sagte ich: „Wunderbar. Das schreibt sich von selbst. Denn an diesem Punkt treffen sie alle den kleinen Jungen, und sie werden alle gekidnappt. Das ist eine spannende Szene. Und es ist ganz leicht." Und Junge, das begann wirklich Gestalt anzunehmen. Und ich begann mit meinen Nachforschungen, denn jede der Episoden war historisch richtig. Das war ein Teil meiner Auffassung – es sollte nichts geschehen, das nicht historisch wahr war. Ich begann also mit schwierigen Nachforschungen.

Und wiederum führte eines zum anderen, und ich las noch einmal *Die weiße Göttin*. Da passierten mir auf einmal eigenartige Dinge. Ich entwickelte ein *intensives* Interesse. Das war schon früher so. Es war kein vollkommen neues Interesse. Ich habe mich schon immer für Mythologie interessiert. Ich hatte Graves schon vor einigen Jahren gelesen, war dem aber während der letzten beiden Jahre nicht so sehr nachgegangen. Und plötzlich war ich ganz außerordentlich fasziniert, ich las weiter und tauchte tiefer und tiefer in die Sache ein, und mir wurde klar: „Ah, das ist ja viel zu viel, um es in ein kurzes Kapitel hineinzupressen. Es gibt da etwas Umwerfendes. Etwas, das ... ." Ich spürte, daß da irgendwie etwas Großartiges dabei herauskommen würde. Also sagte ich mir: „Ich werde dieses Kapitel in Irland spielen lassen, und es wird kurz sein, und ich werde mir keine allzu großen Sorgen darüber machen, und das ist dann das Ende." Das tat ich dann auch, und ich beendete das Buch, und das war's.

Dann ging ich zurück und vertiefte mich mehr und mehr in die Sache und war so damit beschäftigt, daß ich dachte: „Großartig. Ich werde ..." Ah, schon wieder etwas – und so viele Elemente. Als Kind hatten mir diese Geschichten so sehr gefallen, daß sie mich auch jetzt anzogen. Ich spürte, daß das eine wichtige Sache war. „Ich möchte ein Buch schreiben, das ungefähr so ist wie dieses." Diese Art von Gefühl hatte ich dabei. Und ich erinnere mich – nun ja, wir haben ja zum Beispiel über die Armee gesprochen –, als ich als Achtzehnjähriger einige Wochen lang in Wales war, vermutlich während des Krieges – ein nettes Land. Das hatte eine Wirkung, an die ich mich wieder erinnerte. Ich hatte seit Jahren nicht mehr daran gedacht, aber jetzt kamen diese Gedanken wieder – mit anderen Worten, Dinge, die ich gesehen hatte, und Gefühle, die ich als Kind gehabt hatte usw. Da kam eine Menge zusammen und vermischte sich, und ich dachte: „Ja. Das ist etwas, das ich wirklich *sehr* gerne tun möchte." Ich war aber immer noch beim

Nachforschen und Nacherzählen. Also sagte ich mir: „Gut, ich nehme drei Geschichten aus dem *Mabinogion*, das meine Textbasis bilden sollte. Dann habe ich nur drei Geschichten, die ich nacherzähle.“ Ich blätterte und fand eine, die mich interessierte. Es war die – und es ist ja nur ein Satz –, sie hat mit Gwydion zu tun, der den Namen seines Feindes errät, oder irgend so etwas. Und ich dachte: „Das ist eine Geschichte, die man gut entwickeln kann.“ Nun, Sie wissen ja, der geheime Name – das gibt es in allen Kulturen –, daß Leute einen geheimen Namen haben, den sie nie irgend jemandem sagen; und wenn jemand ihn herausfindet, hat er Macht über ihn usw. Das ist eine Standard-Idee. Ich dachte also: „Das wäre interessant. Das könnte ein Thema sein. Das wird die Geschichte. Und dann suche ich mir noch zwei, aber darüber denke ich erst später nach.“ Das war also mein Ausgangspunkt, bis ich herausfand, daß das nicht machbar war. Es funktionierte nicht. Das ist interessant, Claudio, Sie sehen, was passierte, in *Taran und das Zauberschwein* taucht das am Ende auf. In *Taran und das Zauberschwein* war ich noch näher am Text. Ich fürchtete mich ein wenig davor, mich ganz und gar davon zu entfernen. Mit anderen Worten, seit ich auf diese Idee gestoßen war, blieb ich auch dabei. Irgendwie fühlte ich mich halb verpflichtet, so präzise wie möglich zu sein. Also dachte ich: „Nun ja, da es im Text ist, muß ich es wohl so verwenden, wie es da steht."

Naranjo: Und jetzt sind Sie nicht ganz zufrieden damit, daß ...

Alexander: Ich wünschte jetzt, ich hätte diese spezielle Idee nicht verwendet. Heute denke ich, ich hätte es besser ausarbeiten können. Und weil die Idee eines geheimen Namens schwer zu verwenden ist – jedenfalls wie ich sie verstehe –, ist es für ein Kind schwer, diese Idee zu begreifen, *denke* ich. Mir hätte etwas Besseres einfallen können. Nur um der Diskussion willen – sagen wir doch einmal, es hätte funktioniert, und es war in Ordnung, und es ist eine gute Idee – eine interessante Idee. Aber ich glaube, hätte ich damals gewußt, was ich in den nächsten vier Büchern wußte, wäre ich die Sache anders angegangen. Das ist also ein Beispiel. In *Taran und das Zauberschwein* war ich näher am Originaltext dran. *Der schwarze Kessel* geht schon weiter, und von da an ist es natürlich reine Erfindung.

Naranjo: Diese Idee, einen Schatz wieder zu erringen, der einem weggenommen wurde – sich einen Kessel zurückzuholen, der einem gestohlen wurde – in *Taran und das Zauberschwein* kommen die drei nicht zurück – da ist es mehr der Schutz vor einer Invasion.

Alexander: Natürlich, das Objekt ist das weissagende Schwein; das ist das Objekt, das ins Spiel kommt und alles auslöst.

Naranjo: Kommt das von einem Mythos?

Alexander: Ja. Und tatsächlich fand ich genau das bei Robert Graves. Es ist aus *Die weiße Göttin* – genau der gleiche Name. Das ist ein perfektes Beispiel dafür, wie ich mir Stück um Stück heraussuchte, was mir gefiel. Ich stieß während des Lesens darauf – eher zufällig. Robert Graves meint hier, daß Henwen, das weissagende Schwein, im Grunde ein Aspekt der dreifachen Göttin ist, als Zerstörer, als dieses, jenes und das andere. Und ich dachte: „Oh, das gefällt mir. Sieh an, sieh an." Und ich schrieb es mir auf. Und genau daher kommt die Idee. Es ist faszinierend, weil das in der griechischen Mythologie auch vorkommt. Schweine waren für die Griechen heilige Tiere. Und später stellte sich heraus, daß sie es auch für die Iren und die Waliser waren. Und die Idee stammt von Robert Graves.

Naranjo: Nun, das ist in dem, was Sie schreiben, ein vorherrschendes Motiv, diese Achtung Tieren gegenüber: das Schwein als heiliges Tier; und dann auch Medwyn, der Schützer der Tiere; und die Liebe zu den Gwythaints; und Lamant usw. Obwohl Sie ein Thema oder eine Reihe von Themen ausgesucht haben, gibt es doch einen Selektionsprozeß, der Sie sehr anspricht. Würden Sie sagen, daß diese Liebe zu den Tieren auch ein Teil Ihres Lebens ist?

Alexander: Aber ja. Auf jeden Fall. Alle Tiere und natürlich besonders meine Katzen, und ich habe auch Hunde usw. Ich liebe Tiere sehr. Zunächst, sagen wir von einem rationalen, intellektuellen Standpunkt aus gesehen, sind Tiere – wie jeder Teil der Natur – meiner Meinung nach faszinierend, so wie die Natur in ihrer Gesamtheit ja faszinierend ist. Und für mich natürlich besonders Tiere. Trotzdem liegt da, glaube ich, noch mehr darin. Ich glaube, wir können so eigenartigerweise auch etwas über unser eigenes Menschsein herausfinden. Das ist es. Es gibt ein sehr tiefes – ich kann mich in diesen Dingen nicht sehr gut ausdrücken, aber – es ist mehr als nur ein biologisches Interesse, obwohl auch das faszinierend ist. Es geht dabei irgendwie um eine emotionale Verwandtschaft mit etwas Lebendem oder mit der Natur im allgemeinen.

Naranjo: Würden Sie sagen, daß der Kontakt mit dem Tier ein äußeres Zeichen dafür ist, daß man mit seiner eigenen Lebenskraft in Verbindung steht?

Alexander: Ich glaube schon. Und natürlich finden einige Leute das etwa auch durch die physische Natur, durch Landschaften, durch Vögel oder sonst etwas. Aber ich meine immer noch, daß es ein Kanal in die größere Welt selbst ist, von der ich immer mehr denke, daß in ihr alles eins ist.

Naranjo: Es gibt eine Idee, die damit zusammenhängt, und ich würde gerne wissen, ob das Ihre eigene Geschichte ist oder ob Sie sie herausgesucht haben. Als Sie erzählen, wie Sie in das Tal von Medwyn gelangten, sagen Sie, daß Taran von seinem Pferd geführt wurde – von Melyngar. Das legt sehr diese Haltung nahe, dem inneren Tier und den Urkräften zu vertrauen.

Alexander: Genau. Ich bin sehr froh, daß Sie das so sehen. Es trifft nämlich genau meine Gedanken. Ich bin mir dessen sehr bewußt. Ob sonst noch irgend jemand besonders ...

Naranjo: War das Ihre Idee? Sie taucht nämlich auch in einem Mythos auf, in Conn-eda.

Alexander: Ah, das ist eine weit verbreitete Idee. Ich war mir der traditionellen Sache, die da passiert, bewußt. Aber sie ergab für mich auch Sinn. Ich verstand sie und konnte sie in *meiner* persönlichen Art und Weise verwenden. Vielleicht ist es das, Claudio – daß ich durch meinen Selektionsprozeß die Fragmente heraussuchte, die mir am meisten bedeuteten.

Naranjo: Und sie bedeuteten Ihnen etwas, weil Sie sie verstehen konnten.

Alexander: Wahrscheinlich, ja. Es ist tatsächlich interessant, warum ich *das* und nicht etwas anderes wählte. Sicher, es muß da einen Selektionsprozeß geben. Ich habe das nie genau so gesehen.

Naranjo: Ich denke da an den Gegensatz zwischen diesen beiden Arten von Kinderliteratur: der Held, der wie Taran ein zu vervollkommnendes Wesen ist, erbärmlich unvorbereitet, wie Sie sagen, und er durchläuft eine schrittweise Selbstvervollkommnung durch Erfahrung, durch den Kontakt mit weiter fortgeschrittenen Helden usw. Und im Gegensatz dazu die andere Art von Literatur – wie etwa *Der kleine Prinz* –, ein schon vollkommenes, reines Wesen, das zum Zeugen einer unvollkommenen Welt wird und sie einfach verläßt. Das ist ein wenig wie Komödie und Tragödie. Im ersten Fall gibt es einen Konflikt zwischen gegensätzlichen Kräften und ein gutes Ende mit Unvollkommenheit. Im anderen Fall verläuft von Anfang an alles ideal, aber es gibt im allgemeinen ein trauriges Ende. Der kleine Prinz verläßt die Welt. Sogar in der leichten Literatur wie in *Mary Poppins* taucht ein solches Wesen auf und verschwindet wieder. Sie kommt aus einer magischen Welt, die man nicht betreten kann. Ich frage mich also: Was macht die unterschiedliche Haltung des Autors aus? Sie liegen natürlich irgendwo in der Mitte – offensichtlich mehr auf der heldenhaften Seite, aber sie lassen sich auch sehr gut mit den anderen verbinden. Ich frage mich, ob ein Autor, der über heldenhafte Abenteuer schreibt, sich auch selbst mehr mit dem Heldenhaften identifiziert. Mit welchen Ihrer Figuren identifizieren Sie sich mehr?

Alexander: Also wirklich, wenn es eine Figur gibt, mit der ich mich identifiziere – natürlich identifiziere ich mich mit vielen von ihnen –, aber ich glaube, die eine Schlüsselfigur für mich ist der Barde, dessen Harfensaiten immer wieder reißen. Das ist interessant, denn ich identifiziere mich nicht mit Taran. Vielleicht bis zu einem gewissen Grad in einigen der späteren Bücher in einigen unwichtigen Aspekten. Aber ich kann schon sagen, wenn es eine Figur gibt, von der ich sagen kann: „Ja, er und ich liegen auf der gleichen Wellenlänge", so muß das Flewther Flamm sein.

Naranjo: Natürlich paßt Ihre Liebe zu Tieren und zur Natur nicht zu Taran ...

Alexander: Nein, das stimmt. Das ist irgendwie interessant. Wenn man diese bestimmte Form verwendet, versuchen Sie's ruhig, wenn Sie wollen, sind Sie beinahe gezwungen – wenn Sie nicht den Geist des Ganzen vergewaltigen wollen –, einen bestimmten Persönlichkeitstypus als Helden zu wählen. Mit anderen Worten, Taran ist nicht gerade humorvoll. Er ist ein sehr ernster Mensch. Er paßt eher zu den traditionellen Heldentypen. Mit anderen Worten, er hält es mit der edlen Tat, ist der edle Suchende usw. Er ist kein sehr erdverbundener Mensch, und er lacht nicht sehr viel.

Naranjo: Er ist ein Idealist.

Alexander: Sehr gut. Genau das. Und ich meine, die Form verpflichtet einen irgendwie – zumindest schien mir das so –, es so zu machen. Anders kommt das nicht herüber, ich glaube nicht. Aber vielleicht würde ich es jetzt anders machen.

Naranjo: Würden Sie sagen, daß Sie bei Taran irgendwie kritisch waren – daß er nämlich nicht Ihre eigene Idee ist und Sie deshalb auf ihn herabsehen, mit Respekt, aber –

Alexander: Warten Sie mal. Wie kann ich das vernünftig ausdrücken? Gut, sagen wir so: Ich war froh, daß er sich so entwickelte, wie er sich entwickelte. Und ich glaube, das ist legitim, denn wenn er sich noch vervollkommnen muß, kann er nicht schon zu Beginn vollkommen sein. Mit anderen Worten, ich mußte bei ihm beinahe absichtlich mit bestimmten Dingen beginnen, die ich nicht mochte. Seine *Illusionen* über das Heldentum, seine Selbsterhöhung bzw. sein Narzißmus, wenn Sie es so bezeichnen wollen – Sie müssen dort beginnen, wenn er sich verändern soll. Mit anderen Worten, er muß das Potential für eine Veränderung haben.

Naranjo: Wußten Sie schon, daß er sich ändern würde, als Sie begannen?

Alexander: Ich wußte irgendwie, daß er es würde tun müssen. Denn das gehört auch wieder zum Ganzen. Sogar in Romanen und Erzählungen für Erwachsene muß die Dynamik der Figuren so sein, daß sie am Ende verändert sind. Wenn er sich im Lauf des Werkes nicht verändert, ist das Werk statisch; es passiert nicht wirklich etwas. Also, ja, ich wußte, daß er irgendwie würde erwachsen werden müssen. Im Grunde könnte Tarans ganze Geschichte ein Prozeß der Desillusionierung sein. Denn er beginnt mit allerlei falschen heldenhaften Gedanken, die ihm so nach und nach vom Leib gerissen werden, bis nur er mit sich selbst als menschlichem Wesen übrigbleibt. Und tatsächlich ist am Ende – ich weiß nicht, ob Sie *Der hohe König* gelesen haben oder nicht ...

Naranjo: Nein, habe ich nicht.

Alexander: Nun, ich traue mich gar nicht, es Ihnen zu erzählen. Es ist der Schlüssel dafür.

Naranjo: Ist er der Sohn eines Königs?

Alexander: Nein. (Beide lachen). Oh nein. Das würde das Ganze verderben.

Naranjo: Er muß ja nicht.

Alexander: Nein. Was ich im ganzen Werk zu sagen versuchte, war, daß – nun gut, sagen wir – das Leben eine menschliche

Beschäftigung ist. Es ist der Zustand des Menschen. Es gibt keine übernatürlichen Mächte, die uns helfen. Wenn wir es also schaffen wollen, müssen wir das durch unsere eigene Kraft und unseren Charakter tun und unser Bestmögliches geben. Wir können nicht um äußere Hilfe beten, denn – soviel ich weiß – gibt es die nicht wirklich. Es ist ein Prozeß des Menschwerdens. Das passiert auch mit Taran. Der muß am Ende eine schreckliche Entscheidung treffen; ich glaube, die schlimmste Entscheidung, die je eine Figur in einer Geschichte treffen mußte. Da wir hier eine wissenschaftliche Diskussion führen, werde ich das Ende verraten. Was passiert, ist, daß er in vier von fünf Büchern viele verschiedene Dinge erlebt. Im vierten Buch macht er sich auf den Weg, um seine Herkunft herauszufinden. In Wirklichkeit will er sich selbst finden. Und natürlich ist seine einzige Antwort letztlich – er findet seine Eltern nämlich nie – er findet heraus, daß er nur ein Mensch ist; weder besser noch schlechter als irgend jemand anderer, mit seinen Hoffnungen, Fehlschlägen, Schwächen usw. Mit anderen Worten, er ist durch und durch ein menschliches Wesen. Das ist es auch schon. Im letzten Buch, das natürlich auch der Höhepunkt ist, passieren schreckliche Dinge. Da gibt es große Schlachten und natürlich auch das Armageddon. Der ganze Kampf zwischen Gwydions Leuten – sagen wir, die Guten gegen die Bösen. Und schließlich, nachdem ihm sehr traurige und abscheuliche Dinge zustoßen, gewinnen am Ende natürlich die Guten, wie es in dieser Art von Geschichte sein muß. Und es stellt sich heraus – und das rechtfertigt *Taran und das Zauberschwein* –, denn es stellt sich heraus, daß *Taran und das Zauberschwein* – die Vergangenheit, die Gegenwart und die Zukunft – tatsächlich ein Buch des *Wenn* ist. Dieses *wenn* das passiert. Und Dalben sagt am Schluß, daß Taran hoffentlich sein Schicksal bekommen und König werden wird, aber es war nicht sicher. Mit anderen Worten, wenn ihm irgend etwas nicht gelingt, wenn er sich als schlechterer Mensch erweist, als er sein sollte, gilt die ganze

Abmachung nicht mehr. Der Kampf findet zwischen freiem Willen und Vorherbestimmung statt. Deshalb sagt Dalben auch zu Taran: „Im Grunde warst du ein großes *Vielleicht*. Du hast bestimmte Dinge getan, und das Ergebnis ist, daß die Schlacht jetzt vorbei ist und alle weggehen müssen." Gwydion und alle seine Streitkräfte müssen aus Gründen, die erklärt werden, das Land verlassen, und sie reisen in ein Land der Unsterblichkeit, wo alles glücklich und wunderbar ist, und sie werden dort für immer mit ihren Freunden zusammenleben. Es ist der vollkommene Himmel. Und Taran, der diese großen Taten vollbracht hat, darf mit ihnen gehen. Und er denkt: „Ah, großartig. Das ist wunderbar." Doch dann hält er inne und denkt nach. Was alles im Lauf des Buches passiert: Viele seiner Freunde wurden getötet, und er hat sich ihnen verpflichtet und ihnen einiges versprochen: er würde nach dem Krieg etwas unternehmen, er würde etwas aufbauen, er würde dieses und jenes tun. Und ihm wird klar: „Jetzt muß ich mich entscheiden. Nehme ich die Unsterblichkeit an, oder bleibe ich hier um den Preis, daß ich ein sterbliches, menschliches Wesen bin und das tue, was ich versprochen habe?" Und natürlich ist das eine furchtbar schwierige Entscheidung, und er entscheidet sich zu bleiben und akzeptiert damit den Gedanken an einen möglichen Tod und daß sein Leben um nichts anders sein wird als das aller anderen Menschen. Und das ist das Ende des Buches.

Naranjo: Nur ein Bodhisattva zu sein.

Alexander: Ja, genau. Genau das ist es. Mit anderen Worten, er ist seit dem ersten Buch ziemlich erwachsen geworden.

Naranjo: Es ist das gleiche Thema wie in *Taran und das Zauberschwein*, bloß in einem größeren Zusammenhang. Am Ende, als Gwydion ihn fragt, was er will ...

Alexander: Das stimmt. Am Ende zeigt sich die ganze Entwicklung in einer Miniaturversion. Und ich war damit sehr zufrieden, wie sich das ergab. Wenn Sie davon sprechen, wie ich mich mit einzelnen Bruchteilen identifiziere, ich kann mich mit der Haltung identifizieren. Und das, Claudio, ist wieder eine eigenartige Sache, die mir da passiert ist. Als ich Bücher für Erwachsene schrieb, ging es mir – um das ganz simpel und überzogen darzustellen – um ein gewisses Maß an Genugtuung für mein Ego, nicht ausschließlich, aber doch in einem gewissen Ausmaß. Mit anderen Worten, ich schrieb aus einem gewissen Drang heraus, den ich nicht verstand, aber es war doch auch sehr befriedigend, die Bücher dann gedruckt zu sehen, und „Ja, da habe ich etwas geschaffen." Das war eine Art von – sagen wir es mit Freud – äußerer „Ego-Befriedigung". Ein besseres Wort fällt mir dazu nicht ein.

Naranjo: Das war der Taran in Ihnen.

Alexander: Das kommt hin. In Ordnung. Es war eine Leistung, etwas, das ich erreicht habe. Ein Quelle des persönlichen Stolzes, wenn Sie es so nennen wollen. Und es passierte etwas Eigenartiges, als ich diese Bücher schrieb. Die Arbeit wurde wichtiger als ich. Und ich hatte ein eigenartiges Gefühl. Ich kann nicht sagen, daß ich mein Ego verlor, denn das ginge zu weit. Aber es hatte fast keine Bedeutung. Es war mir egal, es hätte anonym sein können, ich mußte nicht einmal meinen Namen darunter setzen. Oder es mußte nicht einmal veröffentlicht werden. Es war ein eigenartiger Wandel in meiner Haltung. Mit anderen Worten, die Arbeit war viel größer als ich, und es machte nicht wirklich einen Unterschied. Und das ist mir geblieben. Da identifiziere ich mich ein wenig mit Taran, wie er am Ende war, denn ich kann auf einer anderen Ebene möglicherweise dieselbe Entscheidung treffen. Wenn man sagen kann: „Gut, niemand wird deine Bücher je lesen, und du wirst in Armut sterben usw.", dann ist das in Ordnung. Ich würde trotzdem weiter machen. Wenn ich tun kann, was ich tun will, dann ist das in Ordnung. Gut. Aber das ist eine sehr angenehme Situation, denn wie wir gestern Abend sagten, ich interessiere mich jetzt zu sehr dafür, nicht um meiner selbst willen – nicht um eine Million Dollar damit zu verdienen oder meinen

Lebensunterhalt zu sichern. Das ist mir im Grunde egal. Es ist schwer, sich für manche Dinge der täglichen Arbeit oder des Lebensunterhaltes zu interessieren, oder wie sehen Sie das? Es geht mir viel mehr um die Arbeit und nicht einmal so sehr um mich – wie eine Art von Vehikel. Gut, ich lege meine Hände auf die Schreibmaschine, und irgendwie wird es funktionieren, aber ich bin mir selbst nicht mehr so wichtig. Wissen Sie, es macht auch wirklich keinen großen Unterschied.

Naranjo: Aber Sie wissen ja auch aus Tarans Geschichte, daß er nur dann ein wirklicher König wird, wenn es ihm egal ist, daß er von einem König abstammt und sich unter die Menschen mischt.

Alexander: Aber, Claudio, das Ironische daran – Sie müssen den letzten Absatz von *Der hohe König* lesen, denn darin liegt ein netter ironischer Dreh. Es passiert nämlich folgendes: Nachdem Taran diese großartige Entscheidung getroffen hat, sagt der letzte Abschnitt in etwas sechs Zeilen, daß Taran danach das tat, was er hatte tun wollen, und dann starb er. Und nach einiger Zeit begannen die Leute zu zweifeln, ob es ihn wohl je gegeben hätte. Und mit der Zeit vergaßen sie sogar, daß es so jemanden je gegeben hatte. Mit anderen Worten, er ist völlig verschwunden und wird zu einem Mythos, der niemals Realität war, was schon eine furchtbar ironische Sache ist. Aber wiederum. Akzeptieren wir es. Ich kann das. Ich kann sagen: Gut. Was immer ich auch darin finde oder zu finden hoffe – und wer weiß wie lange –, ich bin damit zufrieden.

Naranjo: Wenn Sie sich jetzt mit dem vollkommen gewordenen Taran und nicht mit dem Anfänger identifizieren, so müssen Sie aus Ihren früheren Erfahrungen doch eine Menge über den frühen Taran wissen.

Alexander: Aber sicher. Genau. Aber ich werde Ihnen etwas sagen, wenn wir über Identifikation reden. Mit dem neuen Buch, das ich gerade abgeschlossen habe, identifiziere ich mich viel mehr. Das ist faszinierend. Ich möchte es so ausdrücken.

Ich habe mit diesen letzten fünf Büchern eine so starke Erfahrung gemacht – gut, sagen wir, das ist meine Reise. Es ist eine großartige Sache, das Größte, was mir je passieren konnte. In Ordnung. Das Buch, das ich gerade abgeschlossen habe – und ich werde Ihnen die Geschichte kurz erzählen, um zu sehen, ob Sie den Bezug erkennen. Und ich möchte wiederum sagen, nachdem ich es geschrieben habe, interessiert es mich nicht, damit meinen Lebensunterhalt zu verdienen, berühmt zu werden, oder dies und das.

* * *

Naranjo: Die Bemerkung über Ihr Interesse an einer Analytikerin läßt mich auf *Taran und das Zauberschwein* zurückkommen. Ich interessiere mich für die Frauenfiguren darin. Die eine ist Achren, und dann Eilonwy, die sehr stark Ihre eigene Schöpfung ist.

Alexander: Vollkommen.

Naranjo: Sie wirkt sehr lebendig.

Alexander: Nun, ich frage mich, ob sie eine Art von Idealisierung oder von Traumbild meiner idealen Frau oder irgend so etwas ist. Mit anderen Worten, ist sie möglicherweise die Art von Frau, die ich gerne getroffen hätte, oder so irgend etwas, aber natürlich gibt es sie nicht wirklich. Ich weiß es nicht. Jedenfalls hat mir diese Figur sehr gefallen.

Naranjo: Im Gegensatz zu Taran ist sie schon ein vollkommenes Wesen.

Alexander: Ja, so gut wie. Sie verändert sich weniger als er. Sie ist schon lange vor ihm so weit, was vielleicht legitim ist. Ich weiß es nicht. Eine gute Theorie, aber auch nicht zu gut. Ich weiß es wirklich nicht.

Naranjo: Zumindest mögen Sie sie.

Alexander: Oh ja, sehr. Sehr. Es hat mich sehr gefreut, dieser Figur begegnet zu sein.

Naranjo: Sie ist natürlich eine sehr starke Figur, und nach unserem üblichen kulturellen Standard würde man sie nicht gerade als feminin bezeichnen oder ...

Alexander: Das stimmt. Sie ist irgendwie ein Wildfang. Aber es ist trotzdem schwer. Denn nach meinem Verständnis – aber das kommt im Buch vermutlich nicht so heraus – muß sie auf einer gewissen Ebene sehr feminin sein. Es ist schwer, weil es hier um zwei verschiedene Dinge geht. Es geht um die äußere, künstlerische Entwicklung der Figur, die wohlüberlegt so oder so verläuft. Mit anderen Worten ist sie zu einem guten Teil ein Geschöpf mit bestimmten Aspekten, die ich gerne an einem wirklichen Menschen sähe. Ich möchte damit sagen, man kann jemanden nicht als perfektes Symbol für etwas Bestimmtes erschaffen. Es ist zu sehr das überlegte Entwickeln einer Figur. Natürlich kann man auch sagen, es ist ja auch ein Selektionsprozeß. Ich weiß es nicht. Das ist auch ein interessanter Punkt.

Naranjo: Haben Sie dabei an irgend jemanden gedacht?

Alexander: Nein. Überhaupt nicht. Ich habe noch nie in meinem Leben irgend so jemanden getroffen. Ich weiß nicht, ob ich meine Figuren mögen würde, wenn ich sie tatsächlich träfe. Aber sie fügen sich gut in den literarischen Kontext. Das gefällt mir sehr. Und der böse Achren ist natürlich eine Standardfigur. Das ging sehr schnell. Und es war sehr leicht.

Aber zwischen meinen beiden Eltern gibt es einen Gegensatz. Mein Vater hatte einen viel stärkeren Intellekt als meine Mutter. Ich glaube, er war im Grunde gescheiter. Obwohl er sich sehr fürs Geschäft interessierte, hatte er – glaube ich – den besseren Verstand. Er war eine gewitzte Person, ein sehr kluger Mensch, sehr extravertiert. Er war ein guter Künstler. Er konnte solche Sachen machen. Mit anderen Worten, er war der Das-ganze-Leben-ein-Fest-Typus. Und meine Mutter war intuitiv, wenig wortgewandt, sehr gefühlsbetont – und zwar nicht nach außen.

Sie war nie hysterisch oder gefühlsbetont in diesem Sinn, sondern eher intuitiv – man mußte nicht allzu viel erklären. Sie konnte Ihre Gedanken irgendwie auf einer sehr tiefen Ebene lesen. Ziemlich gegensätzliche Persönlichkeiten. Ich stand meiner Mutter viel näher und tue es im Grunde immer noch. Meinen Vater habe ich mit der Zeit schätzen gelernt, aber ich habe mich seinem – wie man sagen könnte – Temperament nie nahe gefühlt. Und trotzdem bin ich überzeugt, daß ich auch Züge habe, die offensichtlich von ihm kommen.

Naranjo: Sehen Sie in Eilonwy die Züge, die Sie gerade an Ihrer Mutter beschrieben haben? Dieses intuitive Verstehen.

Alexander: Nein. Ganz etwas anderes. Die Klangfarbe war ganz verschieden. Denn – im technischen Detail gesehen – ist Eilonwy wortgewandt, verbal. Meine Mutter ist non-verbal. Sie ist kein Bücher-Mensch. Sie ist kein Schriftsteller, sie schreibt auch keine Briefe. Sie kann überhaupt nicht gut erklären oder in Worte fassen oder sich ausdrücken. Sie ist viel zurückgezogener und eine viel sanftere Persönlichkeit. Wie auch immer man es dreht, sie ist auf keinen Fall auch nur irgendwie ein Wildfang.

Naranjo: War Eilonwy dann vielleicht Sie selbst?

Alexander: Nun gut. Es ist so, daß viele der Figuren auf die eine oder die andere Weise – gut, sogar eine, die Sie nicht kennen – Ginst? Dieser schreckliche Hypochonder, der immer jammert und winselt, der immer krank ist und sich schlecht fühlt ...

Naranjo: Ah, der auf dem Kessel.

Alexander: Ja. Der, der sagt: „Oh, laß' mich in Ruhe. Geh' weg." Das ist auch sehr stark ein Teil von mir. Ich glaube also, daß viele der Figuren kleine Züge haben. Das sind dann diejenigen, die mir am meisten Spaß machen.

Naranjo: Wie kamen Sie übrigens auf die Idee mit der Kugel?

Alexander: Ah, das Spielzeug. Das ist nach bestem Wissen und Gewissen eine reine Erfindung.

Naranjo: Wissen Sie noch, wie Ihnen das eingefallen ist? Wann tauchte die Idee zum ersten Mal auf?

Alexander: Daran erinnere ich mich sehr gut. Es geschah durch einen Zufall. Es war faszinierend. Wenn Sie sich an *Taran und das Zauberschwein* erinnern, so ist Taran dort in einem Verlies eingesperrt. Die inhaltliche Mechanik verlangt es, daß Eilonwy und Taran irgendwie zusammenkommen, weil sie einander treffen und gemeinsam entkommen müssen. Wenn Taran also im Verlies ist, wie soll dann ein Treffen zustande kommen? Wie soll das rein äußerlich funktionieren? Also dachte ich, gut, sie spielt draußen mit einem Ball, er entgleitet ihr, fällt durch die Gitterstäbe der Zelle, sie holt ihn usw. Ich begann also, die Szene zu schreiben, und mir wurde klar, daß es in einem Verlies dunkel ist. Wie komme ich da drum herum? Weil sie den Ball drin läßt. Sie kann nicht durch die Gitterstäbe kommen und ihn holen. Sie muß ja auch die Gänge entlanggehen und all das. Als ich also zu der Szene kam, dachte ich: „Es ist hier drinnen vermutlich stockfinster. Wie sollen sie einander also sehen und erkennen?“ Wenn sich das alles im Dunkeln abspielt, ist es eine schlechte Szene. Und wie sollen sie entkommen? Also dachte ich: „Dieser Ball, der ursprünglich nur ein Spielzeug war, ich werde ihn einfach leuchten lassen! Er ist mehr als nur ein Spielzeug. Und verdammt noch mal, er ist ein verzauberter Gegenstand. Das funktioniert perfekt. Sie ist im Schloß einer Zauberin. Alles dort hat magische Eigenschaften.“ Das funktionierte für meine Szene, weil es ihnen genug Licht gab, um ihren Weg zu finden. Kurz gesagt, war es eine elegante Lösung für die Sache. Und nachdem ich das einmal hatte, dachte ich, daß ich auch eine große Sache daraus machen konnte. Es würde ihr ganz besonderer Besitz sein. Es würden ihnen den Weg da- und dorthin zeigen, und es würde ein sehr wesentlicher Bestandteil ihres Hab und Gutes sein. Es könnte viel wichtiger sein. Und je mehr ich darüber nachdachte, umso mehr wurde daraus. Aber es kam aus einem puren Zufall – daran erinnere ich mich –, um den mechanischen Anforderungen des Inhalts gerecht zu werden. Und es war eine reine Erfindung.

Naranjo: Ich habe das Gefühl, daß das Spielzeug sehr stark eine Projektion von Eilonwy ist.

Alexander: Ja. Es ist faszinierend. Viele Kinder und auch einige Lehrer fragten: „Haben diese Dinge eine symbolische Bedeutung?" Sie wissen, die Harfe und der Ball und die immer volle Tasche mit Essen und all diese verschiedenen Sachen. Nun, natürlich haben sie das, aber ich sage nie, was sie bedeuten, weil sie jeder so deuten kann und soll, wie er will. Ich habe meine eigene Art zu sagen, daß der Ball eine Art von Licht der Vernunft ist. Mit anderen Worten, Eilonwy hat einen klaren Verstand, die ist praktisch. Sie beschäftigt sich mit vernünftigen Sachen. Sie bewegt sich jenseits von Illusionen und Enttäuschungen, denen Taran unterliegt. Und der Ball steht für Erleuchtung und Klarheit, wenn man so sagen will.

Naranjo: Sie ist Tarans Beatrice.

Alexander: Genau. Das waren also ungefähr meine Gedanken und Gefühle. Das kam aber nach den Fakten. Erst nachdem ich es erfunden hatte, wurde mir klar, was es bedeutete. Auch das ist eigenartig.

Über den Autor

Claudio Naranjo studierte Medizin, Musik und Philosophie in Chile, wo er auch Arzt in der psychiatrischen Klinik der Universität von Chile unter Matte-Blanco war. Er unterrichtete Kunstpsychologie an der katholischen Universität und Sozialpsychiatrie am publizistischen Institut der Universität von Chile. Außerdem war er Direktor des Forschungszentrums für medizinische Anthropologie.

Nachdem er sich in den Vereinigten Staaten niedergelassen hatte, war Claudio Naranjo von Anfang an Mitglied des Esalen-Instituts, wo er einer der drei Nachfolger von Fritz Perls wurde. Später brachte ihn die Pilgerreise seines Lebens mit vielen spirituellen Meistern wie Swami Muktananda, Idries Shah, Oscar Ichazo, Suleyman Dede, seiner Hoheit den 15. Karmapa und vor allem mit Tarthang Tulku Rinpoche in Kontakt. Darüber hinaus war er zeitweilig Forschungspartner am Institut für Persönlichkeitsforschung in Berkeley und Partner von Raymond Cattell am Institut für Persönlichkeits- und Potenzialforschung. Er unterrichtete vergleichende Religionswissenschaft am Kalifornischen Institut für asiatische Studien, humanistische Psychologie an der Universität von Kalifornien in Santa Cruz, Meditation am Nyingma-Institut in Berkeley in Kalifornien, und er gründete das SAT-Institut, eine integrative psycho-spirituelle Schule.

Claudio Naranjo ist Ehrenpräsident von zwei Gestalt-Instituten, Mitglied des Instituts für Kulturforschung in London und Mitglied des amerikanischen Club of Rome. Er wird als einer der Pioniere der Human Potential Bewegung betrachtet, und seine Einführung eines „vierten Weges“ in die Gedankenwelt der Psychotherapie zeigt, daß sein Werk als Vermittler an der Schnittstelle zwischen Psychotherapie und spirituellen Traditionen wirksam werden kann. Zur Zeit beschäftigt er sich vor allem mit der integrativen und transpersonalen Ausbildung von Psychotherapeuten in verschiedenen europäischen und südamerikanischen Ländern.

Die veröffentlichten Werke von Claudio Naranjo:
The One Quest (Viking Press, 1972), *The Psychology of Meditation* (Enguin, 1972), *The Healing Journey* (Pantheon Books, 1974), *Enneatype Structures* (Gateways Books, 1991), *Gestalt Therapy: The Attitude and Practice of an Atheoretical Experientialism* (Gateways Books, 1993), *Gestalt after Fritz* (veröffentlicht unter dem Titel Gestalt sin Fronteras von Era Naciente, 1993), *Das Ende des Patriarchats und das Erwachen einer drei-einigen Gesellschaft* (Verlag Via Nova, 1999), *Das göttliche Kind und der Held* (Verlag Via Nova 2002), *Das Enneagramm der Gesellschaft – Die Übel der Welt – Das Übel der Seele* (Verlag Via Nova,1998), *The Way of Silence and the Talking Cure: On Meditation and Psyhotherapy* (Astrolabio, Italien, 1999 und La Llave, Spanien, 1999), *Charakter und Neurose* (Kösel Verlag), *Wandlung durch Einsicht – Die Enneagrammtypen im Leben, in der Literatur und in klinischer Praxis* (Verlag Via Nova), *Gesänge der Erleuchtung* (Sphinx Verlag, 1996).

Bibliografie

Alexander, Lloyd. *Taran und das Zauberschwein*, Würzburg: Arena (The book of three).

Campbell, Joseph. *Die Masken Gottes*, München: dtv *(The masks of God)*. Band IV: *Kreative Mythologie*. New York: Viking Press, 1968.

Coomaraswamy, Ananda K. *Hinduismus und Buddhismus (Hinduism and Buddhism)*. New York: The Philosophical Library Inc., 1943.

Druon, Maurice. *Tistou mit dem grünen Daumen*, München: dtv.

Frye, Northrop. *Die Anatomie der Kritik (Anatomy of Criticism): Vier Essays*. New Jersey: Princeton University Press, 1973.

Jarrell, Randall. *Die Tierfamilie*, Zürich. Diogenes Verlag *(The Animal Family)*. New York: Pantheon Books, 1965.

Lewis, C. S. *Der König von Narnia*, München: dtv *(The Lion, the Witch and the Wardrobe)*. New York: MacMillan Company, 1950.

Merton, Thomas. *Der Weg des Tschuang Tsu (The Way of Chuang Tzu)*. New York: New Directions Publishing Corp., 1965.

Saint-Exupèry, Antoine de *Der kleine Prinz*, Düsseldorf: Karl Rauch Verlag.

Shah, Idries. *Erzählungen der Derwische (Tales of the Dervishes)*. New York: E.P. Dutton, 1970.

Sizuki, Beatrice Lane *Mahayana Buddhismus (Mahayana Buddhism)*. London: Ruskin House, George Allen & unwin Ltd., 1959.

Tolkien, J. R. R. *Der kleine Hobbit (The Hobbit)*. Boston: Houghton Mifflin Company, 1966.

Das Tolkien – Lesebuch (The Tolkien Reader). New York: Ballantine Books, 1966.

White, E. B. *Wilbur und Charlotte*, Zürich: Diogenes Verlag *(Charlotte's Web)*. New York: Harper & Row, 1952.

White, T. E. *Das Schwert im Stein,* Stuttgart: Klett -Verlag *(The Sword in the Stone)*. New York: G. P. Putnam's Sons, 1939.

Zimmer, Heinrich. *Abenteuer und Fahrten der Seele,* Köln: Diederichs Gelbe Reihe *(The King and the Corpse)*. New York: Pantheon Books, 1956.

Lieber Leser von Das göttlichen Kind und der Held:

Sollten Sie weitere Bücher von Dr. Claudio Naranjo lesen wollen, so würden wir uns freuen, Ihnen einen Katalog seiner Werke und anderer Autoren zuzusenden, deren Bücher Sie im Verlag VIA NOVA erhalten können. Unser Katalog enthält Bücher von anderen wichtigen Autoren spiritueller Bücher wie etwa Chuck Spezzano, Willigis Jäger, Erwin Loszlo, H. M. E. Lassalle, Bede Griffith, Amy und Arnold Mindell, Lee Lozowick, Han de Wit, Mansukh Patel, Raimon Panikkar, Hugh Milne, Barbara Schenkbier, Maria de Rocha Chevalley, u.a.

Wir laden Sie ein, die Vielfalt der Erforschungen und Erfahrungen über die Natur des Geistes zu entdecken, wie Sie sie in den Werken unserer Autoren finden. Sie erreichen uns unter:

Verlag VIA NOVA
Neißer Straße 9
D – 36100 Petersberg
Fon/Fax 0661-62973
E-Mail info@verlag-vianova.com

HOLOS
die Welt der neuen Wissenschaften

Ervin Laslo

208 Seiten, Hardcover – ISBN 3-928632-94-9

Nach Auffassung von Professor Laszlo ist die reale Welt nicht mechanistisch und fragmentiert, sondern eine in sich verwobene, essentiell holistische, das heißt ganzheitliche Welt. Der Kosmos ist lebendig, und die Menschen sind keine isolierten Einzelwesen, sondern durch das Psi-Feld miteinander verbundene Elemente im Netzwerk des Lebens, die mit den Rhythmen und Energien des Universums schwingen. Der Autor gibt sich jedoch nicht damit zufrieden, das Psi-Feld zu erforschen, welches seine Spuren überall in der physikalischen Welt und im Kosmos hinterläßt, sondern er geht darüber hinaus und versucht, auf der Basis dieser neuen wissenschaftlichen Erkenntnisse neue und bedeutsame Antworten auf die immerwährenden Fragen nach dem Ursprung und der Bestimmung des Universums, nach den Entwicklungsmöglichkeiten des menschlichen Bewußtseins, nach einem Weiterleben nach dem Tod des Körpers und nach einem kosmischen und vielleicht sogar göttlichen Bewußtsein zu finden.

Lachen ohne Grund

...eine das Leben verändernde Erfahrung

Madan Kataria

240 Seiten, Paperback, 45 farbige Fotos, 18 Grafiken

ISBN 3-928632-93-0

Voller Witz und doch eindringlich schildert der Verfasser in diesem Buch, wie die Lachbewegung in Indien entstand, wie er die ersten Lachclubs in seiner Heimatstadt Mumbai (Bombay) gründete, ohne sich von der Ironie und dem Spott seiner Mitmenschen beirren zu lassen, und wie die Bewegung sich langsam aber sicher zunächst über ganz Indien und schließlich über die ganze Welt ausbreitete. Er führt uns die gesundheitlichen Vorteile vor Augen, die das regelmäßige Lachen in unserer gehetzten und streßbeladenen Zeit nicht nur unserem Körper, sondern auch unserem Gemüt zu bieten hat. Auf wunderbare Weise verknüpft er die verschiedenen, von ihm selbst entwickelten Formen des Lachens, wie das herzliche Lachen, das stille Lachen, das Löwen-Lachen, das aufschwingende Lachen, das Ein-Meter-Lachen und das Cocktail-Lachen, mit Atem- und Dehnübungen, die ihren Ursprung im Yoga haben. Er zeigt uns, wie wichtig das Lachen für unseren Alltag ist, und in welchem Maße es unsere Einstellungen und unser Leben verändern kann.

Auf halbem Weg zum Gipfel
der Erleuchtung

Die Gefahren und Irrtümer verfrühter Ansprüche, erleuchtet zu sein.

Mariana Caplan

248 Seiten, Paperback – ISBN 3-928632-95-7

Welches sind die Maßstäbe für Erleuchtung? Werden wir jemals ganz oben auf dem Gipfel ankommen? Welche Fallen und Krisen erwarten uns auf dem Weg zum Gipfel? Diesen und vielen anderen Fragen ist Mariana Caplan in dem vorliegenden Buch nachgegangen. Zu diesem Zweck studierte sie die Schriften berühmter spiritueller Lehrer aus allen Epochen, unter ihnen Johannes vom Kreuz, Carlos Castaneda, Chogyam Trungpa und viele andere. Des weiteren führte sie viele persönliche Interviews mit bekannten spirituellen Meistern unserer heutigen Zeit. Dieses Buch beschreibt offen alle Fallgruben und Hindernisse, die den Menschen auf seinem spirituellen Weg begegnen können. Es zeigt uns, wie Macht und Korruption unser Ego verführen, und welche Krisen uns auf unserem Weg erwarten. Zugleich weist es aber auch Wege durch das „Minenfeld" falscher Erleuchtung und zeigt, wie man trotz aller Gefahren auf den richtigen Weg zurückfindet.

Gesundheit aufbauen

Die bewußte Kunst, sich wohl zu fühlen

Dr. Randolph Stone

232 Seiten, Paperback, 26 Graphiken, 20 Fotos
ISBN 3-928632-97-3

Dieses Buch verbindet theoretische Aspekte der Polarity-Therapie mit praktischer Anwendung. Es ist deshalb einerseits als Einführung für Menschen interessant, die sich für Energiemedizin interessieren, andererseits eine wertvolle Ergänzung für all jene, die sich mit der Polaritätstherapie behandeln lassen und die die Behandlungen durch Selbsthilfemethoden unterstützen wollen, um schließlich gar keinen Therapeuten mehr zu brauchen. In dem Werk, das Dr. Stone gechaffen hat, übergibt er den Schlüssel zu den inneren Räumen von Frieden, Kraft, Respekt und Versöhnung, die er selbst geschaut hat. Die Tore sind Ordnung der Energiefelder im Körper, neue Einstellungen, Ernährung, Körperübungen, Polarity-Yoga. Es ist vor allem die geistige Ebene, auf der Stone so tief berührt und eine heilende innere Bewegung in Gang setzt. Es ist dieser Ort, an dem jeder den Zugang zu seiner Selbstheilungskraft findet, dort geschieht, daß „das Geschenk des Lebens" vom Wort zum Erlebnis, zum gefühlten, geschmeckten, erfahrenen Inhalt wird.

Unsere Geschichte – unser Potential

Wir vorgeburtliche Erlebnisse und Geburt unser Leben prägen

Hanspeter Ruch

200 Seiten, Hardcover – ISBN 3-928632-89-2

Die Wurzeln emotionaler Probleme reichen häufig nicht nur in die Kindheit, sondern viel weiter zurück zu den Anfängen unseres Werdens: zur Geburt und in die vorgeburtliche Zeit. Das vorliegende Buch bringt Licht in diesen entscheidenden Lebensbereich, der von der Psychologie bisher fast vollständig ausgeblendet wurde. Entgegen der häufigen Auffassung sind wir vom Moment der Zeugung an fühlende Wesen. Das bedeutet, daß wir bereits im Mutterleib wahrnahmen, ob wir geliebt oder abgelehnt wurden. Unsere Geburt erlebten wir hautnah, mit allen Gefühlen und Empfindungen. Nie wieder in unserem Leben sind wir so empfänglich und so sensibel, wie wir das in dieser ersten Phase unseres Seins waren. Wie wichtig und prägend der erste Abschnitt unserer Geschichte für unsere Entwicklung, für unsere psychische und körperliche Gesundheit ist, und wie die dabei entstandenen störenden Grundmuster geheilt werden können, wird in diesem Buch beschrieben.

Die Weisheit der Gefühle

Metafähigkeiten – die spirituelle Kunst in der Therapie

Amy Mindell

192 Seiten, gebunden – ISBN 3-928632-45-0

Ein neues Verstehen der Wirkung von Gefühlen

Amy Mindell nennt das, was eine Therapie und einen Therapeuten erfolgreich macht, Metafähigkeiten (Metakills). Sie geht davon aus, daß unter allen unseren Verhaltensweisen gefühlsmäßige Einstellungen und Muster liegen, die nicht nur unser ganzes Verhalten im Alltag, sondern auch den Verlauf einer Therapie, ihren Erfolg oder Mißerfolg, bestimmen. Und weil sie nicht nur den Menschen prägen, der sich einer Therapie unterzieht, sondern auch den Therapeuten, sind sie für den Verlauf einer Therapie so entscheidend. Die Kenntnis dieser Zusammenhänge ist hilfreich für jeden zur Bewältigung des Alltags und zum Gelingen einer jeden Therapie.

Der Weg durch den Sturm

Weltarbeit im Konfliktfeld der Zeitgeister

Arnold Mindell

248 Seiten, gebunden – ISBN 3-928632-29-9

Wie sollen wir Menschen an der Schwelle zum dritten Jahrtausend unsere gigantischen Probleme lösen? Ausgehend von seinen Erfahrungen in der psychotherapeutischen und supervisorischen Arbeit mit Einzelnen und Gruppen in vielen Teilen der Welt hat Mindell Ansätze für eine Methode entwickelt, welche Lösungen nicht von außen überstülpt, sondern Gruppen und Großgruppen dabei unterstützt, sich selbst kennenzulernen und bisher unterdrückte oder übersehene Teile als Ressourcen für den Umgang mit ihren Schwierigkeiten und zur Entwicklung von Gemeinschaft zu nutzen. Wie können Betroffene dabei unterstützt werden, aus ihrem Prozeß und ihrem jeweiligen Feld heraus Zugang zu den eigenen Potentialen von Führungskraft und Weisheit zu finden? Dieses Buch schildert Schritte auf dem steinigen Weg der Suche nach einer **neuen „Weltarbeit“**, welche Erkenntnisse aus der Psychologie, den modernen Naturwissenschaften und den alten spirituellen und schamanistischen Traditionen zusammenbringt, um den Herausforderungen unserer Zeit zu begegnen.

Finde deine Ganzheit wieder

Mind Bridging – die Dynamik Holographischer Psychologie

Maria de Rocha Chevalley

416 Seiten, gebunden – ISBN 3-928632-58-2

Dieses Buch beschreibt ein völlig neues Konzept. Es vermittelt, wie man kreativ Brücken des Bewußtseins zwischen unseren physischen und transzendenten Dimensionen schlagen kann.
Genau wie im Fall der zerbrochenen holographischen Platte ist auch unser ***Geist-Körper*** durch den ***Psycho-Virus*** fragmentiert worden. Er ist die kollektive Illusion, wir seien von der Ganzheit getrennt. Diese Fragmentierung spiegelt sich in unseren täglichen Schwierigkeiten und Problemen wider. Sie werden gelöst, wenn wir unsere Ganzheit wiedererlangen, wenn wir den kreativen Umgang mit unseren ***Geist-Hologrammen,*** unseren Brücken des Bewußtseins, wiedererlernen. Dieses kreative Selbstmanagement stellt die Verbindung zu Spontaneität, Mut und Lebensfreude wieder her. So entsteht wahrer Frieden in unserem Geist!
Die Autorin erklärt auf verständliche Art und Weise, was ***Holographische Psychologie*** und das Mind Bridging®-Modell bedeuten und verstärkt deren praktische Anwendung durch zahlreiche Übungen. Das Buch ist erfüllt von Weisheit und spiritueller Kraft. Es führt Sie zur Ganzheit und wird Ihr Leben verbessern.

Transpersonale Psychologie und Psychotherapie

104 Seiten, Paperback, zwei Ausgaben: Frühjahr und Herbst
ISSN 0949-3174

Transpersonale Psychologie und Psychotherapie ist eine unabhängige Zeitschrift. Sie verbindet das Wissen spiritueller Wege und der Philosophia perennis mit moderner Psychologie und Psychotherapie, leistet Beiträge zur wissenschaftlichen Fundierung des Transpersonalen.
Transpersonale Psychologie und Psychotherapie ist eine Zeitschrift, die sich an Fachleute und Laien wendet mit einem Interesse an transpersonalen Themen. Aus einem schulen-, kultur- und religionsübergreifenden Verständnis heraus bietet sie ein Forum der Verbindung von Psychologie und Psychotherapie und deren theoretischen Grundlagen mit spirituellen und transpersonalen Phänomenen, Erfahrungen und Wegen, Welt- und Menschenbildern. Sie dient dem Dialog der verschiedenen Richtungen, fördert integrative Bemühungen und leistet Beiträge zur Forschung und Theoriebildung. Sie bietet Überblick, Orientierung und ein Diskussionsforum auf wissenschaftlichem Niveau.